Das illustrierte Buch des Lichts

IMPRESSUM

Englischer Originaltitel: THE BOOK OF LIGHT
Library of Congress TXU 451243
Washington, USA, 02.01.1991
Illustrierte Zusammenfassung
3. überarbeitete Auflage
Übersetzung aus dem Englischen: Elke Straube
Schriftsatz und Gestaltung: Elke Straube

Coverdesign: Steffen Hartmann
Herstellung: Books on Demand GmbH
ISBN: 978-3-937699-21-9

Das
illustrierte
BUCH DES LICHTS

LANOO (Christian Anders)

DAS BUCH DES LICHTS

Die Vereinigung von Religion,
Philosophie
und Wissenschaft

LANOO (Christian Anders)

ALLE ERSCHEINUNGEN SIND VERGÄNGLICH. SUCHE DAS TODLOSE.

DAS ILLUSTRIERTE BUCH DES LICHTS

URSPRUNG UND BESTIMMUNG VON MENSCH UND UNIVERSUM

311.040.000.000.000 Jahre menschlicher und kosmischer Entwicklung

LANOO (Christian Anders)

Woher wir kommen

Wo wir sind

Wohin wir gehen

Vorwort

„LANOO, hast Du *DAS BUCH DES LICHTS* ganz allein geschrieben?"
Diese mit Bewunderung gefärbte Frage stellt man mir oft, und ich muss fast bedauernd antworten: „Nein, habe ich nicht. ALLES wurde mir diktiert."
Von wem? Von ihm, dem

MAHÂ CHOHAN

Der Mahâ Chohan ist ein aufgestiegener Meister, Leiter und Lenker der Sieben Göttlichen Strahlen, welchen er verstärkende Impulse gibt. Er ist der „Heilige Geist" der Dreifaltigkeit und lenkt die gesamte göttliche Intelligenz. *DAS BUCH DES LICHTS* (The Book of Light, Ursprung und Bestimmung von Mensch und Universum) wurde mir, LANOO (Christian Anders), in Englisch vom Mahâ Chohan diktiert. *DAS BUCH DES LICHTS* ist die alle Wesen im sichtbaren und unsichtbaren Universum vereinende Botschaft des Mahâ Chohan. Die Hierarchie und Natur der aufgestiegenen Meister sowie deren Ätherreiche und letzten Inkarnationen sind alle im *BUCH DES LICHTS* enthüllt.

Der Mahâ Chohan hat lange im Stillen gewirkt und meldet sich nun in diesen Zeiten der Veränderungen und des Wachstums der Menschheit und der gesamten Schöpfung durch *DAS BUCH DES LICHTS*. Es vereint alle Religionen, wissenschaftlichen Lehren und Sprachen auf Erden, weshalb auch SANSKRIT, wie gelehrt im *BUCH DES LICHTS*, die alles vereinende Weltsprache der Zukunft sein wird. Der große Chohan erinnert uns daran, dass wir in Essenz Wesen aus reinem Licht sind, zeitweilig verdunkelt durch das Verlangen nach der physischen Welt, der „verbotenen Frucht." *DAS BUCH DES LICHTS* erlaubt einen Quantensprung des Bewusstseins in höhere Sphären bis hin zu NIRVÂNA, dem Ende des Leidens.

LANOO (Christian Anders),
LOS ANGELES 1993

DER MAHA CHOHAN
diktiert Lanoo (Christian Anders)
DAS BUCH DES LICHTS

Inhaltsverzeichnis

In tiefer Verehrung für

Helena Petrovna Blavatsky

(1831 - 1891)

und ***Dr. Georg Grimm***

(1868 - 1945)

DIE DREI REALITÄTEN

Es gibt drei Realitäten: 1) **NIRVÂNA**, 2) **Alle Wesenheiten** und 3) **Die Urmaterie**.

Diese drei sind unerschaffen, zeitlos ewig und sie interagieren periodisch. Wenn dies geschieht, dann verlassen alle Wesenheiten, vom höchsten Gott der jeweiligen Weltenperiode bis zum niedersten Atom NIRVĀNA und kleiden sich in die Urmaterie, welche die Archetypen aller Formen enthält. Die Urmaterie ist in Essenz ewig, doch in der Form veränderlich. Während einer Weltenperiode kosmischer Manifestation unterliegen alle Wesenheiten dem Gesetz von Karma und Wiedergeburt, bis alles wieder in NIRVÂNA absorbiert wird. Nach einer kosmischen Ruhepause erwachen alle noch unerlösten Wesenheiten wieder zu neuem Verlangen und stürzen sich aufs Neue in die Urmaterie.

Das ***BUCH DES LICHTS*** beschreibt eine Weltenperiode von 311.040.000.000.000 Jahren, von der zum jetzigen Zeitpunkt (21. Jahrhundert) bereits mehr als die Hälfte vergangen ist. OM.

GEOLOGISCHE EPOCHEN UND ZEITPERIODEN

Die Begriffe Primärzeit, Sekundärzeit, Tertiärzeit, Eozän, Miozän, Pliozän usw., die im 19. Jahrhundert von Sir Charles Lyells zur Bezeichnung von geologischen Epochen und Zeitperioden geschaffen wurden, stimmen nicht mit der Primärzeit, Sekundärzeit usw. der prävedischen Wissenschaften überein und werden hier aus folgenden Gründen nur unter Vorbehalt verwendet: Die geologischen Daten der modernen Wissenschaft basieren auf der Tatsache, dass einige Gesteine radioaktive Mineralien enthalten, die in diese eingeschlossen wurden, als sie sich ursprünglich ablagerten. Die Geologen glauben, dass sich diese Mineralien verändern oder dass sie mit einer Geschwindigkeit, die gemessen werden kann, in andere Mineralien „zerfallen." So nimmt man zum Beispiel an, dass die Zeit des Zerfalls (Halbwertszeit) des radioaktiven Minerals Uran 235 so groß sei, dass sich die Hälfte davon in 713 Millionen Jahren in Blei 207 umgewandelt hat. Daraus schlussfolgern die Wissenschaftler, dass es möglich sei, auszurechnen, wie lange ein Mineral zerfallen ist und wann das Gestein abgelagert wurde, indem man die relative Menge des Uran 237 und des Blei 207 in einem Gestein analysiert. Jegliche radioaktiven Daten können dann einer Tabelle der relativen Zeitalter, die bereits für Gesteinsschichten mit Fossilieneinschluss erstellt wurde, zugeordnet werden, um die endgültige Reihenfolge absoluter Daten, wie heute von der orthodoxen Wissenschaft gelehrt, zu erhalten.

ABER ALL DAS IST FALSCH, DENN:

Die moderne Geologie setzt voraus, dass die Radioaktivität, die Auflösung gewisser schwerer Elemente, **ohne Veränderung in der Geschwindigkeit die ganzen Zeitalter hindurch** stattgefunden habe, während derer die radioaktiven Mineralien in den Felsen gelegen haben, in denen wir sie heute finden. Prävedische Wissenschaft lehrt, dass das nicht so ist. Radioaktivität auf der Erde trat zum ersten Mal vor ca. 9 Millionen Jahren auf. Vorher gab es keine Radioaktivität, weil sich der Planet Erde und seine Flora und Fauna die ganze Zeit verdichteten, bis der Zustand der größten Verdichtung erreicht war, was vor ca. 9 Millionen Jahren passierte. Seitdem lösen sich dieser Planet und seine Lebensformen langsam auf bzw. sie **dematerialisieren** sich, die schweren Elemente zuerst. Dieser Dematerialisierungsprozess verursacht Strahlung oder **Radioaktivität**. Aber all das begann erst vor etwa 9.000.000 v. Chr.

Vielleicht wird der nächste Nobelpreis dem kühnen Wissenschaftler verliehen, der nachweist, dass Verhältnis und Geschwindigkeit der Dematerialisierung von Elementen, was zu Radioaktivität führt, nicht immer so war wie jetzt. Natürliche Radioaktivität steigt jetzt an, und bald werden wir alle strahlende Götter sein, oder, wie Sorfatti und Bob Toben in *Space – Time and Beyond* schreiben:

„Eines Tages werden wir nicht aufhören zu lächeln.
Wenn wir gehen, werden wir schweben.
Und Licht wird sich von unseren Augen ergießen".

LÄNGE DER GEOLOGISCHEN ERDZEITALTER

Orthodoxe Wissenschaft im Vergleich zu
prävedischer Wissenschaft

Während wir die Tabellen vergleichen, sollten wir uns daran erinnern, dass prävedische Wissenschaft eine **astral-transparente Entwicklung** der Fauna und Flora auf der Erde lehrt, **vor** einer physischen Entwicklung. Damals war dieser Planet selbst in einem ätherischen Zustand. Die Menschheit war zuerst astral. Alle Säugetiere, Affen eingeschlossen, stammen vom Menschen ab; die Erde mit ihrer Fauna und Flora begann sich von ihrer transparenten Struktur zu verdichten, Pflanzen und Tiere zuerst, Menschen später, und das alles vor ca. 320 Millionen Jahren.

DAS BUCH DES LICHTS

Ursprung von Mensch und Universum
Prävedische Wissenschaft

311.040.000.000.000 Jahre menschlicher und kosmischer Entwicklung, vom relativen Beginn der Zeit („Urknall“) bis zum relativen Ende der Zeit („großes Schrumpfen“). Woher wir kommen, wo wir sind und wohin wir gehen.

Oh, MAHÂ-CHOHAN, wann begann das alles und wann wird es enden?
Oh, Lanoo, es gibt ein periodisches Erwachen aus dem EWIG-UNERKENNBAREN* zu 311.040.000.000 Jahren kosmischer Aktivität, gefolgt von einer Periode kosmischer Ruhe von derselben Länge, gefolgt von kosmischer Aktivität und Ruhe und Aktivität und Ruhe und so weiter, aber es gab niemals einen Anfang, und es wird konsequenterweise niemals ein Ende dieser Perioden kosmischer Aktivität (manvantara) und Ruhe (pralaya) geben, welche unter dem Gesetz von Karma und Reinkarnation stehen. Wie du säst, so musst du ernten, Leben für Leben. Und niemand, ich sage niemand, kann diesem Gesetz entfliehen. Wehe denen, die ihre Macht über das Volk missbrauchen. Sie werden wieder und wieder leiden, Leben für Leben, bis sie lernen, bis sie verstehen. **OM.**

DAS BUCH DES LICHTS, LANOO

---

* Es existiert, aber du wirst es niemals erkennen oder dir dessen bewusst sein. Du kannst es nur SEIN oder werden. Warum und wie? Der Prozess des Erkennens bedeutet, sich vom Zentrum wegzubewegen, weg vom Kern deines Seins. Aber „ES“ (Das EWIG-UNERKENNBARE) IST das Zentrum, der Kern deines Seins, dein wahres Selbst. Deshalb: Studiere alles, was du wissen musst, also das ***BUCH DES LICHTS***, und dann löse dich auch davon. Dann ist NIRVÂNA dein. **OM.**

D I E W A H R H E I T

Oh, Lanoo, Wahrheit ist nur in NIRVÂNA. Das ganze Universum mit allem darin ist nichts anderes als ein Zustand des Verlangens und deshalb vergänglich. Erwarte ewige Ruhe nicht im Himmel. Sogar der Himmel ist nicht ewig und muss sterben und reinkarnieren wie alles andere. Eure eigenen heiligen Schriften enthüllen es euch:

„Und wird alles Heer des Himmels verfaulen, und der Himmel wird zusammengerollt werden wie ein Buch."

(Jesaja 34,4)

„Und der Himmel entwich wie ein zusammengerolltes Buch."

(Neues Testament, Offenbarung 6,14)

„Der Tag, an dem wir den Himmel aufrollen, wie eine (Buch)rolle, aufgerollt buchfertig (komplett), - wie wir sogar die erste Schöpfung produzierten, so werden wir eine neue produzieren; dies ist ein Versprechen, das wir gegeben haben.
Wahrlich werden wir es erfüllen."

(Der Heilige Koran, S.461, Kap. 104, Sura XXI, Anbiyaa)

In der Bibel finden wir oft den Begriff EWIGKEIT oder EWIGES LEBEN (im Himmel) etc. Dies ist jedoch die falsche Übersetzung des griechischen Originals AIONIOUS. Die frühen Griechen sowie die Hebräer kannten gar nicht den Begriff EWIG im Sinne von UNENDLICH oder NIEMALS ENDEND. AIONIOUS ist ein ÄON, also eine so ungeheuer lange Zeit, dass sie einem unendlich erscheinen mag, es aber nicht ist. Eine solche nahezu unendliche Weltenperiode von 311.040.000.000.000 Jahren wird hier beschrieben.
Los geht's.

Die Quelle aller chronologischen Zeitberechnungen, die Grundlage für DAS BUCH DES LICHTS sind

Die chronologischen Zeitberechnungen im ***BUCH DES LICHTS***, die sich über 311.040.000.000.000 Jahre menschlicher und kosmischer Entwicklung erstrecken, basieren auf einer Geheimschrift mit dem Titel *„The Mirror of Futurity"*. Dieses Werk wird Pesh-Hun Narada, dessen wirkliche Natur (soweit wie möglich) im ***BUCH DES LICHTS*** enthüllt wird, zugeschrieben. Eine weitere heilige Schrift stammt, zusammen mit dem *„Buch von Dzyan"* [1] von den frühen Atlantäern.
Diese und andere Werke[2] ermöglichten es Helena Petrovna Blavatsky, sogar die noch folgenden Zyklen (bis ca.150.000.000.000.000 (150 Billionen) Jahre und weiter) zu berechnen. Wie dem auch sei, alle chronologischen Berechnungen der GÖTTLICHEN EINGEWEIHTEN, die sich auf den Astronomen und Magier Asuramaya beziehen, stimmen mit den esoterischen Berechnungen überein und werden deshalb im ***BUCH DES LICHTS*** vorgestellt. Ich zitiere Blavatsky: „Die Aufzeichnungen der Atlantäer bezüglich der Tierkreiszeichen können nicht irren, denn sie wurden unter der Führung derer, die der Menschheit zuerst unter anderem Astronomie gelehrt haben, erstellt". (Blavatsky, *Geheimwissenschaft II, Anthropogenesis*, S.49).

Wie Jupiter, Saturn und Erde die Lebenszeit unseres Universums, unseres Sonnensystems und des Planeten Erde erkennen lassen

Eine Frage bleibt: Gibt es eine andere Möglichkeit, um zu beweisen, dass die im ***BUCH DES LICHTS*** präsentierten Zahlen und Zyklen korrekt sind? Ja, es gibt eine einfache und nicht einmal neue Möglichkeit, alle Daten dieses Buches zu beweisen, und der Schlüssel zu diesem Wissen ist in der Natur selbst versteckt, oder genauer gesagt in den Planeten und im Verhältnis ihrer orbitalen Bewegungen zueinander:

Ein Jupiterjahr = ca. 12 Erdjahre
Ein Saturnjahr = ca. 30 Erdjahre 12 x 30 = 360 [3]

360 multipliziert mit 200 ergibt 72.000, was genau der Menge der Ruheperioden und Manifestationen unserer Erdkette seit dem (relativen) Beginn bis zum Ende des Universums entspricht. Unsere Erde lebt 4.320.000.000 Jahre. Multipliziere das mit 72.000, und du wirst 311.040.000.000.000 Jahre erhalten, die Lebenszeit unseres Universums, von der mehr als die Hälfte schon vorbei ist. Multipliziere 72.000 mit 8.400,
und du wirst 60.480.000.000 (Jahre) Lebenszeit unseres Sonnensystems erhalten.

1Besser: Das Original des *Buches von Dzyan.*

2 Zum Beispiel der Tirukkanda Panchanga Kalender, zusammengestellt von Chintamany Raghanaracharya und Tartakamala Venkata Krishna Roan (obwohl er nur bis zur Geburt von Krishna 4986 v. Chr. reicht).

3 360 ist ebenfalls die durchschnittliche Menge von Tagen in einem Erdjahr und der Grund dafür, weshalb man im Altertum den Kreis in 360 Grad unterteilte. Studiere ***DAS BUCH DES LICHTS*** und du wirst verstehen.

Wenn du 72.000 mit 2 multiplizierst, führt es dich zu den 144.000 an der Zahl, von denen im christlichen Neuen Testament gesagt wird, sie seien unter dem Siegel des Herrn vereint worden. Weitere Arten der Berechnung werden im ***BUCH DES LICHTS*** enthüllt.

Einige mögen einwenden, dass dies nicht wissenschaftlich genug sei, diese Daten zu bestätigen. Diesen Leuten erwidere ich, dass die wissenschaftliche Methode selbst nicht wirklich wissenschaftlich ist und tatsächlich nichts beweist, weshalb sie ihre „wissenschaftlichen" Meinungen und Theorien jedes zweite Jahr ändern. Es läuft darauf hinaus: Wahrheit kann nicht zur Wahrheit werden durch Schriftstücke oder irgend eine andere Autorität, sondern durch die Fähigkeit des Lesers, sie zu erkennen. OM.

155.522.169.000.000 v. Chr.

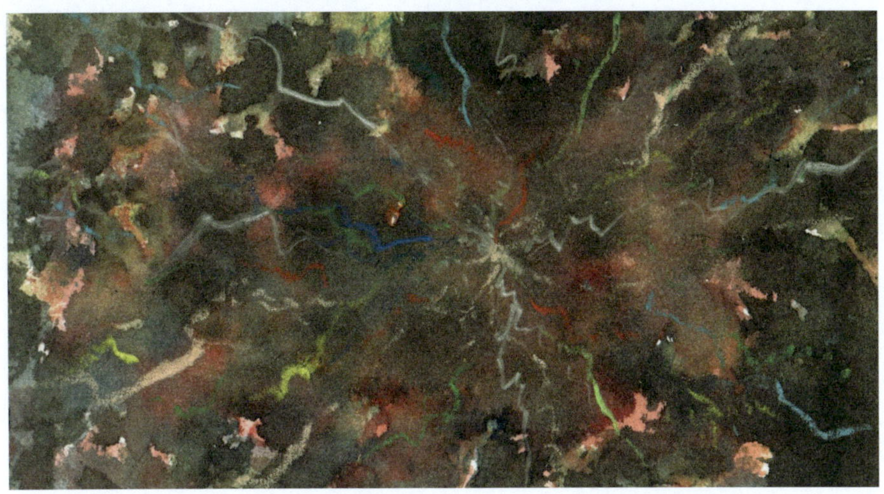

Nach einer Periode kosmischer Ruhe von 311.040.000.000.000 Jahren erwacht das Verlangen in allen Wesenheiten, die NIRVÂNA noch NICHT erreicht haben. Chaotische Energiefelder werden aus dem EWIG–UNERKENNBAREN (Parabrahman) in den immer existierenden Weltraum freigesetzt (zuerst abstrakt, dann wirklich). Oh, LANOO, alle Dinge haben ihren Ursprung im Geist, der sich allmählich in Formen materialisiert. Alles emaniert von innen nach außen, von NIRVÂNA zum Göttlichen, also Geistigen und dann zum Physischen.

ATTO SEKUNDEN SPÄTER

Der CHRISTUS–STRAHL, der alle Verlangenseinheiten enthält (uns, einschließlich des ganzen Universums mit allem darin), berührt das Chaos, welches sich zum Strahl hin und von ihm weg bewegt oder implodiert und explodiert. Das ist der URKNALL bzw. einer von endlos VIELEN. Wo du auch immer gerade jetzt im Universum bist, dort fand der URKNALL statt. OM. Das Chaos verwandelt sich in ein kosmisches (zuerst kühles) Meer von ÂKÂŚA-Feuer (Super-Äther)...

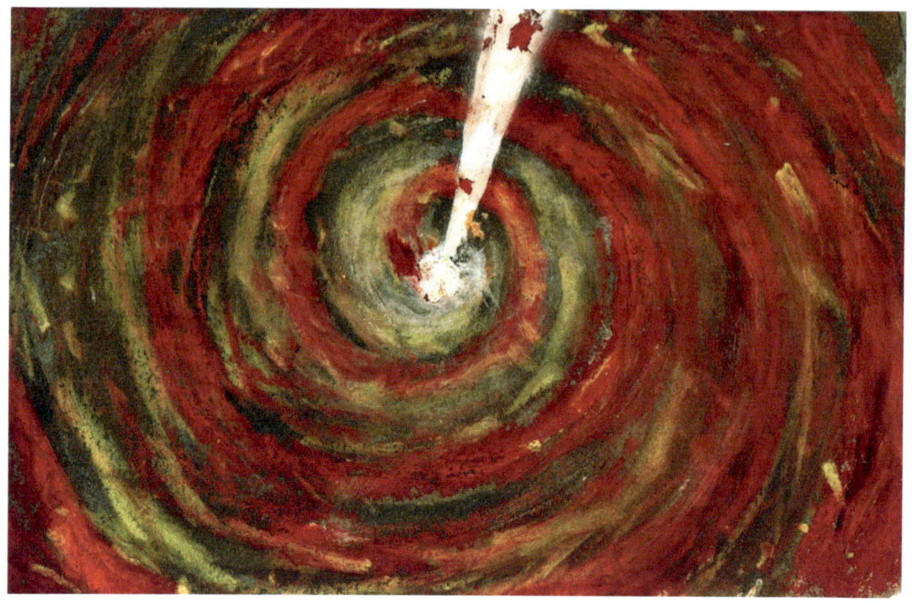

...welches um den CHRISTUS-STRAHL oder um CHRISTUS (Brahman) rotiert. Oh, LANOO, Christus ist die Ursache aller Rotationen. Alles geschieht von nun an und für die nächsten 311.040.000.000.000 Jahre auf 2 x 7 kosmischen Ebenen, die sich wie eine Schriftrolle oder DNS-gemäß aus dem EWIG-UNERKLÄRBAREN entfaltet, weg von NIRVÂNA, der Abwesenheit allen Verlangens. Oh, LANOO, kosmisches Verlangen nach Manifestation bewog den CHRISTUS-STRAHL mit allem darin NIRVÂNA zu verlassen. Überwinde jegliches Verlangen und du wirst NIRVÂNA erfahren. OM.

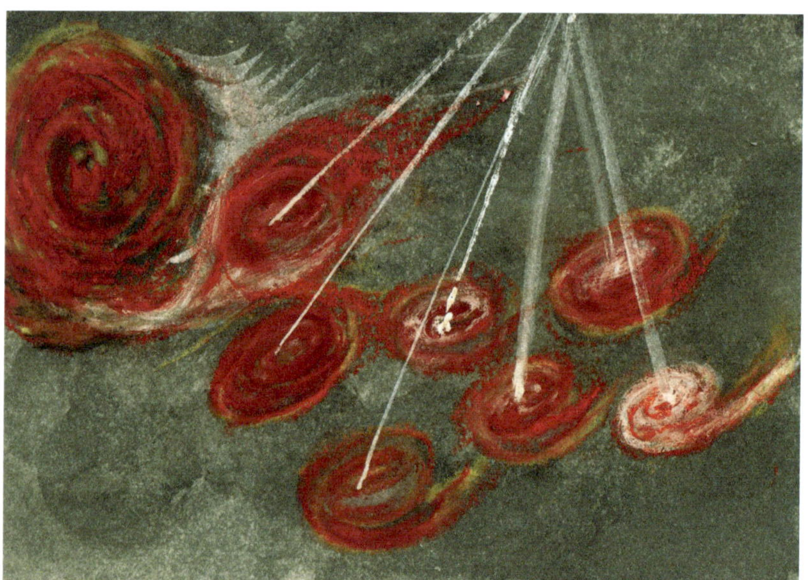

CHRISTUS (die Supermonade, Geistkraft oder Verlangenseinheit, die fast endlos viele Unter-Monaden enthält) emaniert die SIEBEN STRAHLEN, welche das riesige kosmische Feuer in sieben Feuer aufteilen, die um die SIEBEN STRAHLEN rotieren. Ein Feuer (das achte) wird beiseite geschoben. Alles im Universum ist aus ÂKÂŚA. Äther, die erste Differenzierung von MŪLAPRAKRITI, der abstrakten „Wurzel“ der Materie und Urmaterie für alle Atome. OM.

DAS UNIVERSUM ROTIERT UM BRAHMAN

Jeder Strahl, aber auch jedes Feuer ist Ausdruck und Vehikel (Upadhi) von göttlichen Mächten und Göttern [4], die allesamt DURCH CHRISTUS oder Brahman leuchten, welcher selbst vom Jenseits (oder PARA), was PARABRAHMAN oder das EWIG-UNERKLÄRBARE ist, erstrahlt. OM.

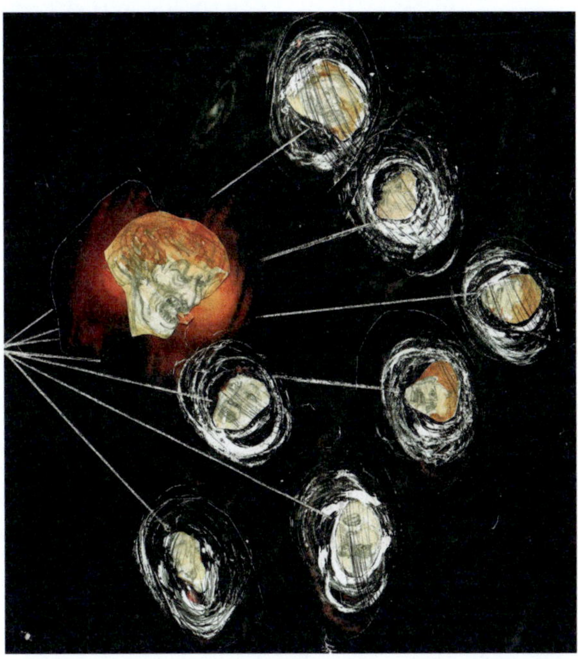

Das große Feuer will die kleinen Feuer verschlingen. Das ist der ERSTE KRIEG IM HIMMEL. Von da an erzeugt alles im Universum Karma, das nur durch Reinkarnation abgetragen werden kann. Reinkarnation bedeutet: Die gleiche Wesenheit in verschiedenen Körpern (Steinen, Pflanzen, Tieren, Menschen, Engeln, Planeten, Sonnensystemen usw.) viele Leben lang.

---

4 „Du sollst Gott nicht verunglimpfen." Es war GOTT, „der sie in alle Nationen geteilt hat".
(Exodus XXII. 28 und Deuteronomie IV. 19)

Kosmisches Karma (das Gesetz) projiziert das Große Feuer in eine fixierte Zentralposition, umgeben von den anderen sieben kleineren Feuern. Es kann sie weder verschlingen, noch können sie fliehen... die kleineren Feuer kondensieren später zu sieben Muttersonnen. Diese Struktur, verursacht von kosmischem Verlangen, soll als Modell dienen, aus welchem alle Sonnensysteme mit einer Sonne im Zentrum emanieren.

Hierarchie der Erscheinungen

(1) Die selbst-evolvierende Substanz; (2) Götter; (3) Monaden; (4) Seelen; (5) Astralatome; (6) Astral-physische Atome; (7) Körper (Planeten und ihre Lebensformen usw.)

Die Sieben Strahlen (Götter) erzeugen von innen nach außen fast endlos viele andere siebenfache Strahlen, von denen sich jeder mit einer Galaxie, einem Sonnensystem, einer Sonne oder einem Planeten umgibt. Jeder entstehende Planet ist zuerst ein abstrakter Gedanke (und Verlangensprozess) eines Planetenengels, hervorgegangen aus dem EINEN.

Jeder Planet und/oder jede Sonne ist das Haus eines Planetenengels, der in sich die meisten Verlangenseinheiten (Monaden) aller künftigen Minerale, Pflanzen, Tiere, Menschen und Götter birgt. Diese Götter stehen in der Hierarchie tiefer als die ersten sieben Götter. Allen ist es bestimmt, auf ihrem speziellen Planeten, ihrer Sonne oder ihrem Sonnensystem „zur Schule zu gehen.“

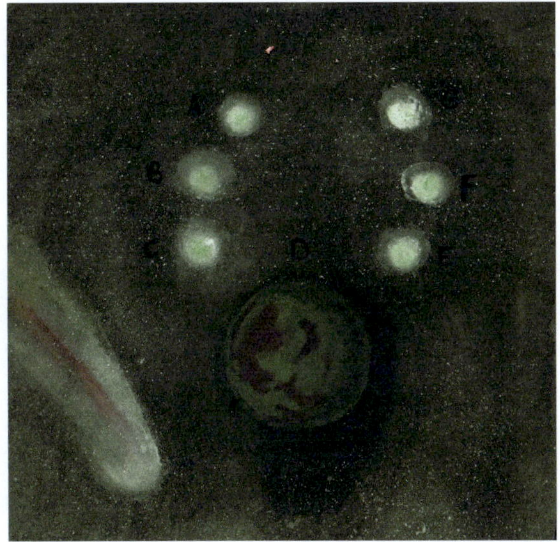

Jeder Planet und /oder jede Sonne hat sechs Kontergloben, die für uns unsichtbar sind. Diese Struktur nennt man „Planetarische Kette“. In Wahrheit sind alle Globen der Kette miteinander verschmolzen. Jedes Atom im Universum ist Ausdruck und Manifestation einer Monade oder einer spirituellen Einheit oder Geist-Seele. Keine Monade, kein Atom. Jede Rupa oder Form muss vergehen, wenn die Monade in ihr sich von ihr zurückzieht. Alle Monaden reflektieren auf der Planetarischen Kette von Planet A bis Planet G. Das wird Planetarische Runde genannt. Nach sieben Runden oder 4.320.000.000. Jahren stirbt der Planet und projiziert dabei seine Lebensenergie in ein neues Zentrum der Differenzierung (laya) und die Monaden ziehen sich in den ihnen jeweils entsprechenden Status von NIRVÂNA zurück.

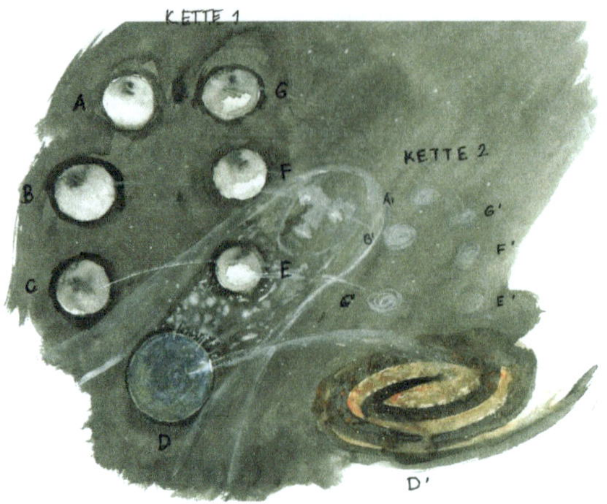

Alte Kette Neue Kette

Nach einer kosmischen Ruheperiode von 4.320.000.000 Jahren reinkarnieren der Geist des Planeten und fast alle Monaden in das neue Zentrum (laya) oder „schwarze Loch“, wobei sie um sich herum neue kosmische Materie anziehen, die sich manifestiert als a) Planetarischer Nebel, b) Planetarische Kometen, c) Planetarische Sonne und d) Planet. Der alte oder sterbende Planet wird der Mond eines neuen. So ist der Mond eines Planeten auch immer seine Mutter. Oh, Lanoo, der Mond ist die Mutter der Erde.

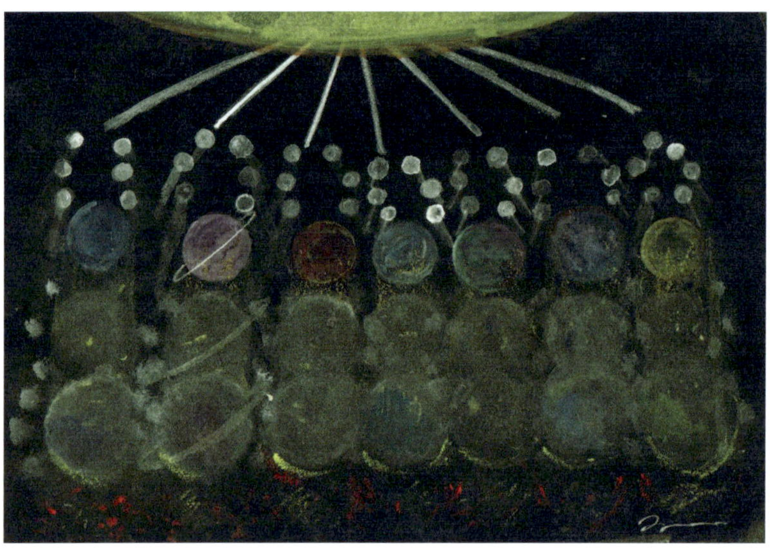

Alle planetarischen Ketten, unsere Erde eingeschlossen, emanierten (erst abstrakt, dann real) im Moment des Urknalls aus ihren Mutterketten, die wiederum aus den oder durch DIE SIEBEN STRAHLEN emanierten. Die planetarische Erdkette, auf der wir leben, hat eine Summe von 32.000 Inkarnationen mit 4.320.000.000 Jahren pro Inkarnation, gefolgt von einer Periode (hoffentlich) nirvanischer Ruhe der gleichen Länge, die sich wiederum auf die Summe von 311.040.000.000.000 Jahren beläuft. OM.

Ehre dem

BUCH DES LICHTS

10.809.000.000 v. Chr.
DIE GEBURT DES MONDES

DIE GEBURT DES MONDES aus einer Mutterkette ohne physischen D-Planeten. Wie es jetzt Leben und Zivilisation auf der Erde gibt, so gab es auch damals Leben und Zivilisation auf dem Mond, wenn auch weniger entwickelt. Die Erde ist jetzt, was damals (als wir noch auf dem Mond lebten) die astrale Ebene für uns war.

VOR CA. 8.320.000.000 JAHREN v. Chr.
EINE STADT AUF DEM MOND

6.489.000.000 v. Chr.

DER TOD DES MONDES

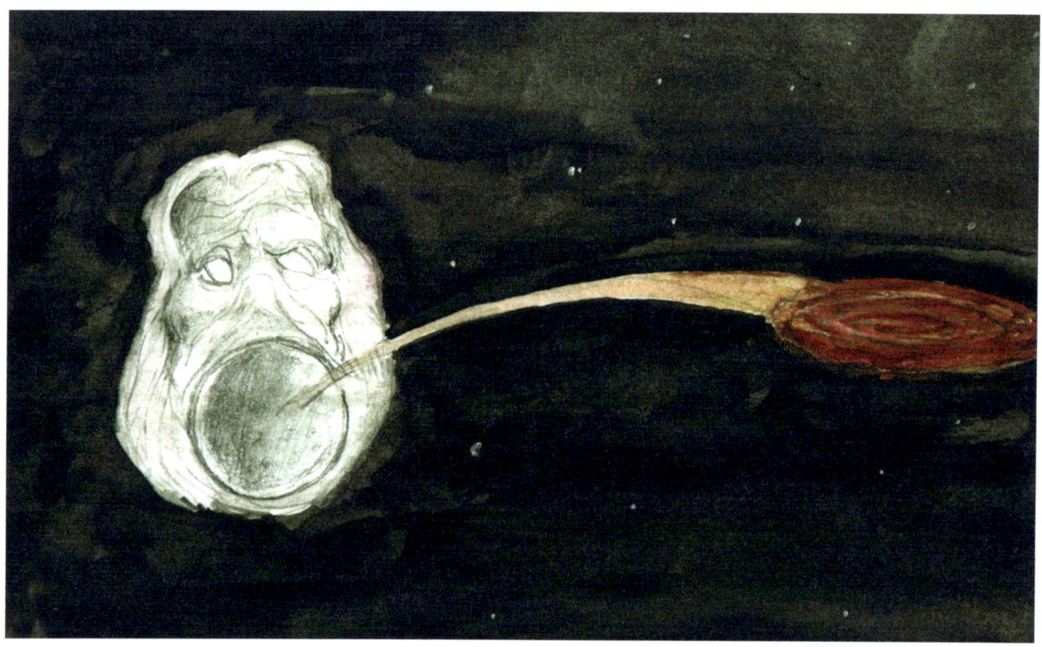

Jehova zieht sich zurück. Ein sterbender Mond projiziert all seine Lebensenergie in ein neues Zentrum kosmischer Differenzierung (laya). Dann folgt eine kosmische Ruheperiode von 4.320.000.000 Jahren.

2.169.000.000 v. Chr.

DIE GEBURT DER ERDE AUS DEM MOND
(Titelseite)

DIE GEBURT DER ERDE AUS DEM MOND (und dessen Kette). Jehova, der Engel des Mondes, inkarniert in die entstehende Erde. Der Mond ist die Mutter des Planeten Erde.[5]

---

5 Nun verstehen wir, warum Steine, die von Neil Armstrong auf dem Mond gesammelt und zur Erde gebracht wurden, viel älter sind als alles andere auf der Erde. Erklärung: Der Mond ist älter als unser Planet Erde, und wurde nicht, wie die Wissenschaft lehrt, von der Erde in den Weltraum geschleudert; er kollidierte auch nicht mit der Erde, als dieser Planet noch ein rotierender Feuerball war. Was Jehova, Engel des Mondes und nun der Erde, anbelangt, und die Annahme, dieser Planet sei Jehovas Körper: Jehova ist einer von fast endlos vielen Planetenengeln in diesem Universum und keineswegs DER EINE und einzige Gott, wie einige Religionen uns glauben machen wollen.

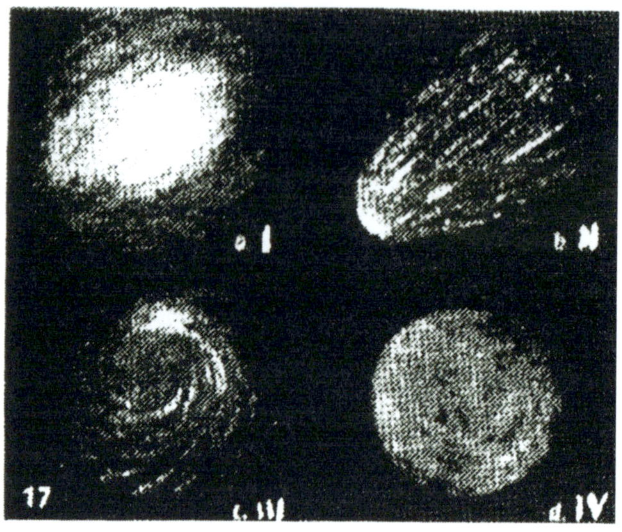

Unser Planet Erde war zuerst (I) Kosmischer Nebel, (II) Komet, (III) Planetarische Sonne und (IV) Planet Erde. Wenn die Erdkette einmal entstanden ist, manifestieren sich alle Monaden als Stein, Pflanze, Tier, Mensch oder Gott. Es ist ein Prozess physischer Evolution, der aber von spirituellen Impulsen (Monaden) geleitet wird.

1.000.000.000 v. Chr.

Die Geburt aller (zunächst ätherischen) Steine, Pflanzen und Tiere aus ätherischen Menschen (sieben Wurzelrassen). Die ätherischen Menschen (die zuvor selbst Steine, Pflanzen und Tieren gewesen waren), vermehren sich durch Selbstteilung. Dabei verströmen sie aus einer sie umgebenden Substanz die ätherischen Prototypen aller Steine, Pflanzen und der meisten Tiere, die dann später alle kondensieren. Elemente: Ätherische Wurzelelemente dessen, was später (ca. 18.000.000 v.Chr.) Feuer, Wasser, Luft und Erde werden wird.

DIE THEORIE DER KONTINENTALDRIFT ODER PLATTENTEKTONIK

Die moderne Geologie präsentiert, was die Entstehung und Struktur der Kontinente auf unserer Erde anbelangt, die folgende **Theorie**: In der geologischen Periode des Devon waren laut orthodoxer Wissenschaft Nordamerika und Europa vor 360.000.000 Jahren Teil eines einfachen Kontinents „Euramerika", da der nordatlantische Ozean zu dieser Zeit nicht existierte. Da Fossilien der „ersten" Landtiere ausschließlich dort gefunden worden waren, nehmen die Geologen an, dass sie sich dort entwickelt haben müssen. Die Trennung der Kontinente fand dann auf folgende Art und Weise statt: Die Erdoberfläche soll in sich bewegende Abschnitte oder „Platten" geteilt worden sein. Die Kraft, die solche Bewegungen – die immer noch stattfinden – auslöst, entspringt der Hitze des Erdinneren. Wenn diese nach oben gerichtete Strömung unter einem Kontinent liegt, kann sie diesen in sich einander entfernende Bruchstücke aufsplitten. Zwischen diesen entsteht nun eine ozeanische Kruste. An anderer Stelle verschwindet die alte ozeanische Kruste in einem System großer Gräben, welches sich um den Rand des Pazifischen Ozeans herum befindet. Manchmal bewirkten diese Bewegungen – bekannt als Kontinentaldrift oder Plattentektonik – dass existierende Kontinente in Teile zerbrachen oder andere miteinander verschmolzen, nachdem moderne Arten von Säugetieren sich auf der Welt zu verbreiten begonnen hatten. Als Ergebnis hatte also jeder Kontinent seine eigene typische Fauna der Säugetiere, die sich innerhalb der Landmasse entwickelt hatte.
Dieser Prozess führte zusammen mit dem Vordringen oder dem Zurückziehen des Meeres zu Veränderungen in der Geographie der Welt bis hin zur heutigen Kontinentalstruktur.

Esoterische Wissenschaft lehrt: Füge die Tatsache hinzu bzw. ergänze, dass Kontinente über Millionen von Jahren hinweg aus dem Ozean aufgestiegen und wieder in diesen gestürzt sind, und du näherst dich dem, was wirklich passiert ist und was nun im Folgenden erklärt werden wird:

Der von nun an entsprechend der Prä-vedischen Wissenschaft demonstrierte Ursprung der Kontinente und deren Struktur auf der Erde bis heute wird von folgenden Wissenschaftlern akzeptiert:

Professor Seemann, Professor Unger, Professor Schmidt, Professor Rütimeyer, Professor Oliver, Professor Dana, Professor Vinchell (bis zu einem gewissen Grade auch von Professor Huxley), Professor Dr. von Purucker, Dr. Asa Gray, Dr. Carter, Sir Charles Lyell, Pictet, Donelly, Jacolliot, Cf. Benjamin. P.L. Sclater, Ernst Häckel, W. Pengelly, Duppa Crotch, A.R. Wallace, dem Philosophen Plato, den „Dolphin" – und „Challenger"- Expeditionen, den wissenschaftlichen Zeitschriften „*Westminster Review*", „*Scientific American*", „*Continents Disparu*", „*American Journal of Science*", „*World Life*" und der „*Geheimwissenschaft*" von Blavatsky, die übrigens die Lieblingslektüre von Dr. Albert Einstein war.

Die Eckert - Projektion

Die Weltkarten, die in diesem Buch präsentiert werden, wurden von mir entwickelt. Ich wählte dazu eine Eckert-Projektion, welche eine besondere Behandlung der Polkappen erfordert. Nord- und Südpol werden durch gerade Linien repräsentiert, welche von der halben Länge des Äquators sind. Hätte ich die Pole gezeichnet, wie sie wirklich sind, als einzelne Punkte, dann wären Nord- und Südpol zu engen Dreiecken gedrängt worden. Daher gibt die Verzerrung des einen Aspekts (in diesem Falle der Pole) ein genaueres Bild der Polflächen.

Grönland z. B. sieht auf dem Globus so aus

Dies ist Grönland in meiner aufgeklappten Weltkarte

Es gibt natürlich noch andere Methoden, die Oberfläche der Erde entfaltet und auf einen Blick zu zeigen, aber die Eckert-Projektion schien mir für diesen Zweck die geeignetste.

Prä-vedische Wissenschaft lehrt, dass die erste Verdichtung und demzufolge auch der erste Kontinent auf der Erde vor 320.000.000 Jahren in der heutigen Nordpolgegend entstand. Dieser Kontinent, der heutige Nordpol, wird auch die ganze Erdperiode (4.320.000.000 Jahre), von der mehr als die Hälfte schon vorüber ist, bestehen bleiben. Vom Nordpol aus beginnend, verdichtete sich unser Planet mehr und mehr zu einer riesigen Kontinentalstruktur, welche sich schließlich vor 85 Millionen Jahren zu einem Kontinent, später LEMURIEN genannt, materialisierte. Mit diesem Kontinent beginne ich die Nummerierung der Kontinente der Erde bis zu deren heutiger Struktur. Viele Millionen Jahre war der Nordpol mit „ewigem Frühling" gesegnet und erstarrte erst später – aus Gründen, die im BUCH DES LICHTS erklärt werden - zu Eis. Der Südpol erschien zuerst vor etwa 45.000.000 Jahren, sank und stieg mehrmals wieder auf, um sich dann vor ca. 550.000 Jahren während des frühen Pleistozäns zu etablieren. Nord- und Südpol hatten zuerst ein warmes Klima. Als sie zu Eis erstarrten, schoben sie ihre Hitze gegen den Erdgürtel, was den heißen Äquator erzeugte. DAS ist der Grund dafür, dass es heute so heiß ist am Äquator; die Sonne hat damit nur wenig zu tun. OM. Wichtig ist auch folgendes: Kontinente verändern sich unter dem Einfluss der Rassen, die auf ihnen leben, was der Grund dafür ist, weshalb es zum Beispiel in Australien weniger Veränderung gegeben hat als anderswo. Australien ist zum Kontinent der Überlebenden eines entwicklungsmäßig bereits stagnierenden, degenerierenden tiergezeugten Teils der Lemurier geworden. Diese Überlebenden waren folgerichtig eine sehr degenerierte niedere Unterrasse und wurden die Vorfahren der heutigen australischen Aborigenes, die nun aussterben. Australien ist deshalb ein „unberührter Boden", und der australische Kontinent kann sich nur verändern, wenn neues, frisches Blut erscheint und dort lebt, wie es nun der Fall ist. Der berühmte Botaniker Haeckel betrachtet die australischen Aborigines als direkte Nachkommen der Lemurier.

Was die Verteilung von Fauna und Flora auf unserem Planeten anbelangt, sage ich: Die Existenz von ähnlichen oder identischen Arten der Fauna und Flora auf den (jetzigen) Kontinenten, die durch große Ozeane getrennt sind, verursacht ein großes Rätsel für Biologen wie auch für Botaniker, sollte es jedoch nicht. Die Erklärung ist die folgende: Vor vielen Millionen Jahren gab es eine Verbindung zwischen diesen Kontinenten. Diese Landpassagen erlaubten eine natürliche Wanderung der Tiere und Pflanzen. Naturforscher nehmen an, dass jede Art des Tier- und Pflanzenreiches in nur einem Teil der Welt ihren Ursprung hat und von diesem Zentrum aus die anderen Teile allmählich überflutet. Wenn das so ist, wie können dann fossile Funde frühester Zeitalter erklärt werden ohne Existenz der Landverbindung? Beispiel: Verschiedene fossile Funde, die in Nebraska entdeckt wurden, scheinen zu beweisen, dass das Pferd der westlichen Hemisphäre entstammen muss, denn dort zeigen die oben erwähnten fossilen Funde die verschiedenen Zwischenstadien und Vorläufer des wirklichen Pferdes. Wie anders können wir uns dann die Anwesenheit des Pferdes in Europa erklären als dadurch, dass es in früheren Zeiten zwischen beiden Kontinenten eine Landverbindung gegeben haben muss? Das Pferd hat also einen langen Weg zurückgelegt, es hat als Wildpferd in Europa und Asien gelebt, bevor es vom Menschen domestiziert wurde. Das gleiche gilt für Kuh und Schaf.

Was die Verteilung der Flora anbelangt, können wir beobachten, dass der größere Teil der Flora-Fossilien des Miozäns von Europa (Schweiz) nun in Amerika existiert, einige davon sogar in Afrika. Im Falle Amerikas müssen sie von der atlantischen Seite aus in den Kontinent eingedrungen sein, denn nur sehr wenige von diesen Pflanzen wachsen an der Pazifik-Küste, sondern eher in den östlichen Staaten. Von 66 Gattungen und 155 Arten, die in den Wäldern östlich der Rocky-Mountains gefunden wurden, wurden nur 31 Gattungen und 78 Arten westlich dieser Höhen gefunden. Wie überquerten sie den Atlantik? Die Erklärung dafür ist: Sie überquerten ihn gar nicht. Wo jetzt der Atlantik braust, war Land. Nehmen wir z.B. die Platane oder die Banane, die eine Reise durch die gemäßigte Zone, die wir hier in Amerika haben, nicht überleben würde. Die Banane ist samenlos, so dass weder der Wind ihren Samen über die weite Entfernung geweht noch ein Vogel ihn getragen haben kann. Sie könnte auch keinen langen Transportweg überstehen, denn ihre Wurzel ist baumartig, was während des Transports sehr spezielle Behandlung erfordern würde. Die Banane ist eine Kulturpflanze, die keinen Samen besitzt und deshalb über einen sehr langen Zeitraum kultiviert werden muss, vielleicht sogar schon während der Periode des Diluviums.

Noch einmal: Die Erklärung ist so einfach wie sie die Wissenschaft kompliziert machen will: Es gab einmal, zum Beispiel vor 85.000 Jahren, eine **Verbindung** zwischen der alten und der neuen Welt. Alle anderen Erklärungen bezüglich der Identität von Flora und Fauna in weit voneinander getrennten Erdteilen sowie deren Transport über den Ozean sind nicht überzeugend. Und was für Fauna und Flora gilt, gilt natürlich auch für den Menschen. DAS BUCH DES LICHTS präsentiert verblüffende Ähnlichkeiten zwischen menschlichen Rassen und ihren Sprachen, obwohl sie auf Kontinenten existieren, die weit voneinander entfernt und getrennt sind. Wieder ist hier die richtige Erklärung, dass diese jetzt getrennten Kontinente einmal miteinander verbunden waren, und zwar auf eine Art, die auf den folgenden Karten demonstriert werden wird.

ERLÄUTERUNG ZU ALLEN KARTEN IN DIESEM BUCH

Dunkle Flächen	: Die früheren Kontinente
Gepunktete Linien	: Die Welt von heute
Schraffierte Linien	: Vulkane

Die Welt vor 85 Millionen Jahren
Der verlorene Kontinent Lemuria

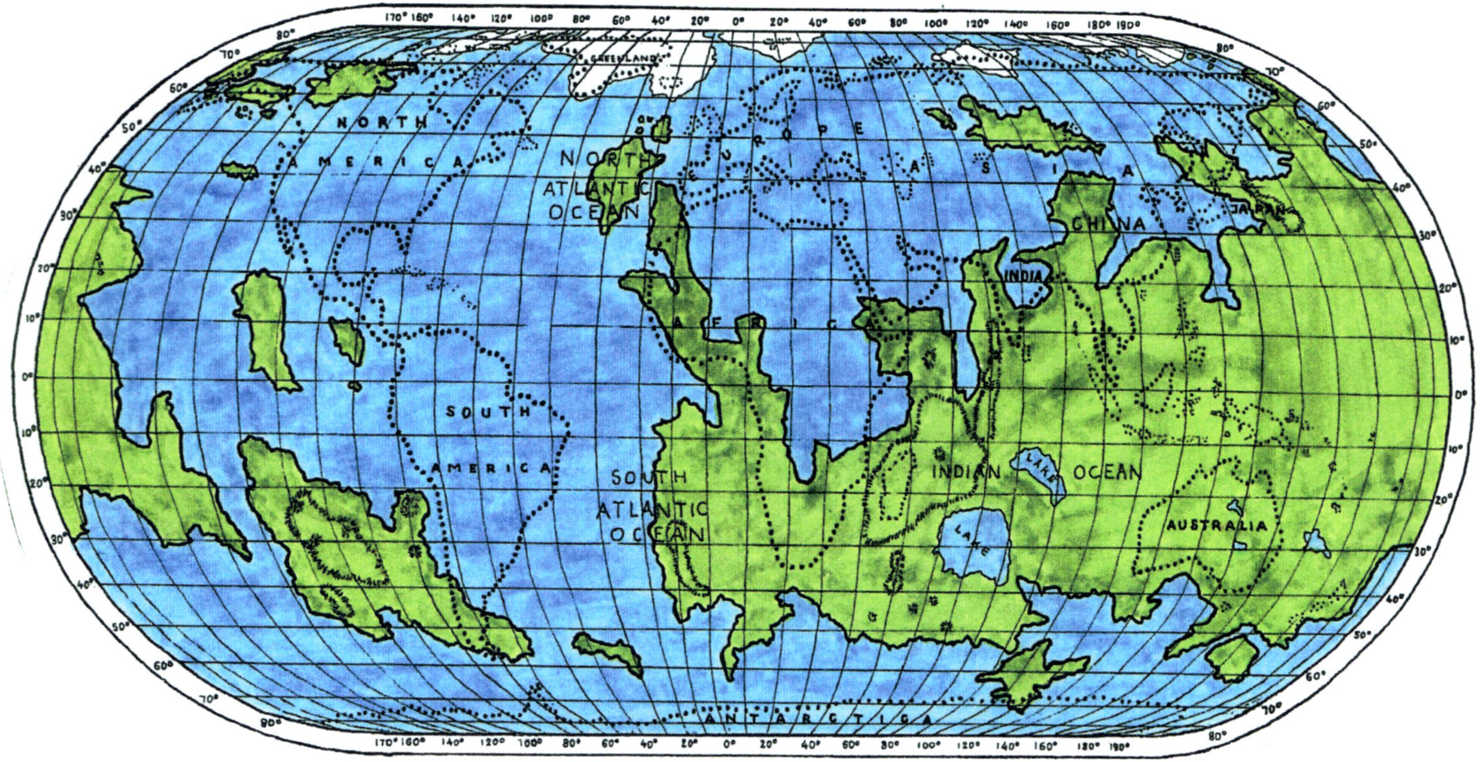

215.000.000 v.Chr.

Astral-protoplasmische Menschen (2. Rasse), Steine, Pflanzen und Tiere, alle androgyn bzw. geschlechtslos. Die Menschen sondern eine Substanz ab, von der sich etwas in androgyne Dinosauriere, die Vorfahren der Vögel, verwandelt, obwohl Vögel auch von den Lungen der Menschen abstammen, was kein Widerspruch ist. Arten:

1) Wasser- (damals noch ätherisch) tiere . Einige kriechen an Land und werden
2) Landtiere. Diejenigen mit einem langen Hals werden
3) Vögel.

<u>ABER</u>: Der Mensch entwickelte sich stets parallel an Land und im Wasser, jedoch nur, solange dieses noch astral war.

150.000.000 v. Chr.

Die Selbstgeborenen transformieren sich in die Schweißgeborenen (frühe 3.Rasse). Der schweißgeborene Mensch gibt Tropfen einer Substanz ab, die sich vermehrt und nach vielen Transformationen in menschliche Körper verwandelt. Einige Tropfen dieser Prä-Eiweiß-Substanz wachsen und bilden gewaltige Eier. All diese Formen sind immer noch geschlechtslos und enthalten weder Nerven noch Muskeln oder innere Organe. Sie transformieren allmählich in...

100.000.000 v.Chr.

...Ei-geborene Androgyne (Menschen und Tiere), latent männlich – weiblich, entstanden aus oder verdichtet zu protoplasmischem astralem „Pudding“. Heute vollzieht sich derselbe Prozess in der weiblichen Gebärmutter, denn auch der Embryo ist ja zunächst ein Ei. Erstes Erscheinen einer weichen, eiweißhaltigen und später knochenähnlichen Struktur, die Ansätze innerer Organe, Nerven, Muskeln usw. enthält.

80.000.000 v. Chr.

GEBURT ALLER SÄUGETIERE DURCH ABSONDERUNG VOM MENSCHEN

Geschlechtslose Menschen sondern geschlechtslose Säugetiere ab

Die Ei-geborenen Menschen brechen durch ihre Schalen als...

50.000.000 v.Chr.

...Androgyne mit zwei Wirbelsäulen und einem Auge. Evolutionärer Höhepunkt des Dinosauriers, der, wie die meisten anderen Tiere, die zwei Augen vor dem Menschen entwickelt. Das „dritte Auge" verkümmert zu einer Drüse. Tiere zu Wasser, zu Land und in der Luft beginnen sich in männliche und weibliche Geschlechter zu teilen. Beginn der sexuellen Fortpflanzung. Höhe: 20-30 Meter.

40.000.000 v. Chr.

Androgyn, fast noch protoplasmisch, EXISTIERT DER MENSCH NEBEN DEN DINOSAURIERN. Warum findet man dann keine Knochen vom einst riesigen Menschen?
1) Die Struktur der Tierknochen war damals fester als die eher weichen menschlichen Skelette. 2) Lemurien und Atlantis liegen größtenteils unter Wasser. 3) Grabe tiefer und an den richtigen Stellen (enthüllt hier und im BUCH DES LICHTS), und du wirst Knochen von menschlichen Riesen finden, die auf der Erde gelebt haben.

25.000.000 v. Chr.

DER TOD DES DINOSAURIERS

Die Dinosaurier starben, weil ihre Monaden oder Geist-Seelen nicht mehr in diese Arten oder Lebensformen inkarnierten. Keine Seele, kein Leben. Einige der Dinosaurier haben in den heutigen Reptilien überlebt. Fast alle Tiere haben sich bis jetzt in männliche und weibliche Exemplare geteilt und benutzen die geschlechtliche Vereinigung als Mittel der Fortpflanzung. Der Mensch ist immer noch androgyn.

Doch nun geschieht es:
Millionen von androgynen Menschen mit zwei Wirbelsäulen teilen sich (schon in ihren Eiern) in Millionen von...

18.000.000 v.Chr.

männlichen und weiblichen Exemplaren mit nur einer Wirbelsäule, in Männer und Frauen, Vorfahren der heutigen Menschheit. Es gab niemals ein „erstes Paar" Adam & Eva. Diejenigen ohne Verstand machten es wie die Tiere und vereinigten sich sexuell. Das ist eine der Erklärungen für den Sündenfall des Menschen. Als endlich alle Menschen ihren Verstand von den „Söhnen des Verstandes" (Manasaputras) erhalten haben, war es zu spät... . Einige Männer und Frauen (Größe ca.18 Meter) haben Sex mit Tieren, was die Ursache ist für...

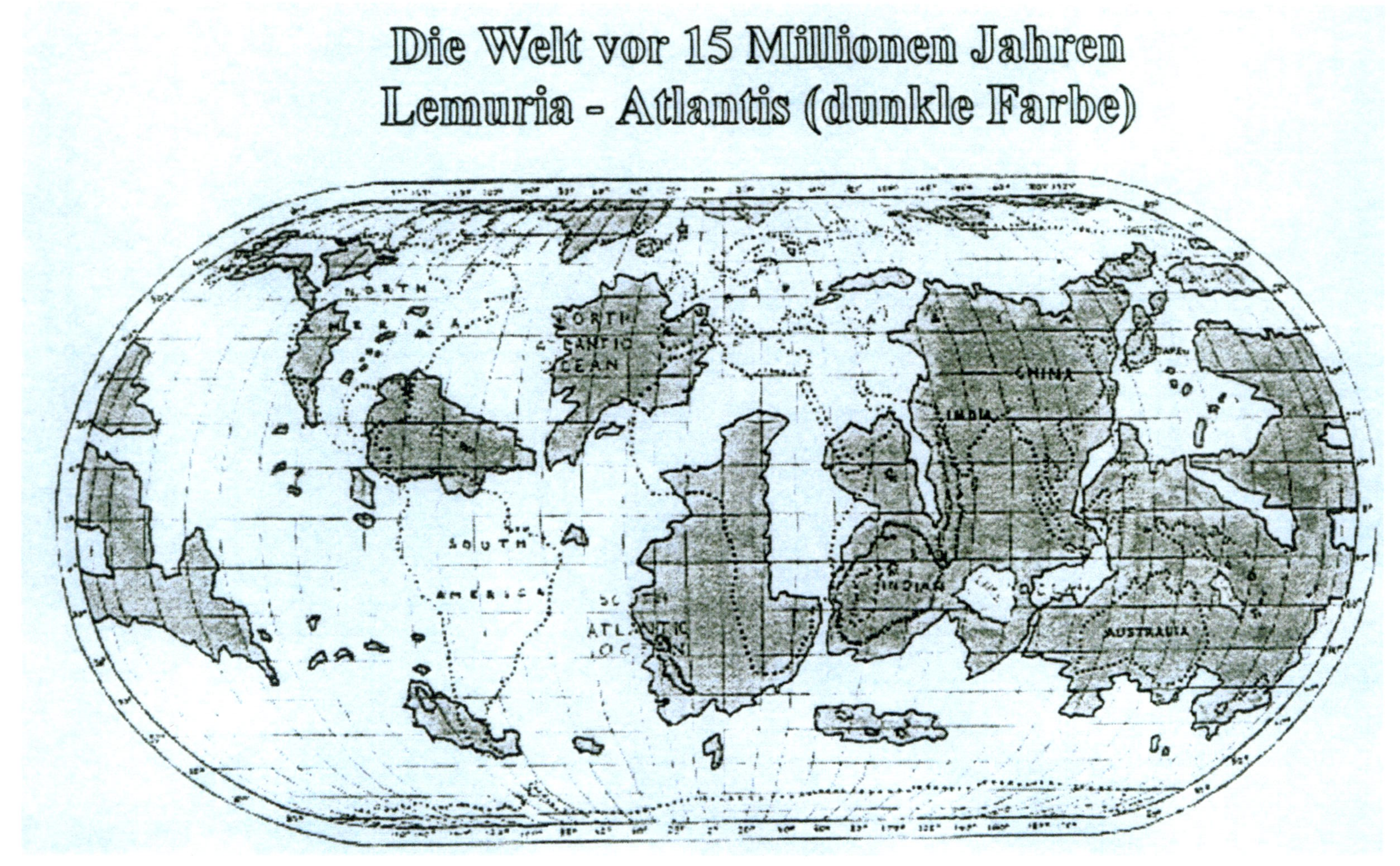
Die Welt vor 15 Millionen Jahren
Lemuria - Atlantis (dunkle Farbe)
NORTH
AMERICA
SOUTH
AMERICA
CHINA
INDIA
AUSTRALIA

9.000.000 v.Chr.

...den Vorfahren der Affen, genetisch vervollkommnet durch Sex zwischen den Atlantiden und den Vorfahren der heutigen Affen. DER AFFE STAMMT VOM MENSCHEN AB. Menschliche Rassen: 1) weiß, 2) gelb, 3) rot, 4) braun und 5) schwarz. Hüte dich vor Rassismus. „Weiße“ können als „Schwarze“ oder in jeder beliebigen anderen Hautfarbe reinkarnieren oder anders herum. Die Lehre von der Reinkarnation macht jede Art von Rassismus unlogisch. Beginn der Sprache, erst Senzar, dann Sanskrit, die Mutter aller Sprachen. OM.

8.000.000 v. Chr.

ENGEL LEHREN DEN MENSCHEN das Geheimnis des Universums. Sie unterweisen die Menschen auch im Umgang mit dem Feuer, dem Rad, den Künsten und den Wissenschaften. Nachdem die Engel die Erde verließen, degenerierte diese Wahrheit zu unterschiedlichen Religionen, politischen Systemen und den Wissenschaften von heute. Der Verlust der WAHRHEIT führte zu...

5.000.000 v. Chr.

... den ATLANTISCHEN KRIEGEN, was den...

4.500.000 v. Chr.

... Exodus verursachte. Alles, was heilig war, wurde gerettet, was nicht heilig war, zerstört. Das ist die wahre Exodus-Geschichte, die später von denjenigen, die die „Heilige Schrift" geschrieben haben, gestohlen und verfälscht wurde.

Dr. Seemann in *Popular Science Review*: „Die einmalige Übereinstimmung der gegenwärtigen Flora Europas mit der Amerikas veranlasst mich zu der Annahme, dass Europa und Amerika im Miozän durch eine Landverbindung verbunden waren, eine Land verbindung, deren Überreste Island, Madeira und die anderen Atlantikinseln sind und dass die Geschichte von Atlantis, die ein ägyptischer Priester Solon erzählte, nicht frei erfunden ist, sondern auf einer soliden historischen Basis beruht". Und Dr. Seemann fährt fort zu erklären, dass Atlantis zu einer bestimmten Zeitperiode noch einmal aus dem Ozean aufgestiegen sein muss, was, wie er schlussfolgert, das Übergreifen einiger Pflanzen des westlichen Kontinents auf Europa erklären würde. „Es gibt viel Ähnlichkeit zwischen der malaiischen Rasse, den Australiern, der papuanischen Rasse und den Aborigines von Polynesien, dieser australischen Inselwelt, die einmal ein gigantischer und stetiger Kontinent gewesen zu sein scheint". (Haeckel, *Pedigree of Man, S. 8).* Die Papuaneer und Hottentotten sind degenerierte Überreste der Lemuro-Atlantäer. Sie werden bald aussterben, genauso wie die Bewohner der Andamanen, einige Stämme in den Bergen Indiens, die Tierra-del-fuegans, die Buschmänner Afrikas, Eskimos und Hawaiianer, Papuaneer, Australier, Polynesier usw. Es werden bald nur drei menschliche Haupttypen übrigbleiben: Weiß, Gelb und Schwarz und deren Kreuzungen. Wenn die Zeit einer Rasse vorüber ist, verschwindet sie. Und denjenigen, die einwenden, dass das Aussterben einer niederen Rasse oft auf die Grausamkeiten oder den Missbrauch der Kolonisten usw. zurückzuführen sei, antworte ich mit Lefevre: „Die Menschen, die am meisten geschont worden sind, Hawaiianer und Maories, sind nicht weniger dezimiert worden als die Stämme, die durch die europäischen Eindringlinge massakriert oder verdorben wurden". *Philosophy*, S. 508

DAS LEBEN IN ATLANTIS VOR CA. 4,7 MILLIONEN JAHREN

(vor dem Sinken des Hauptkontinents 200.000 Jahre später)

Die Kulturen und Zivilisationen von Atlantis werden im Detail und auf mehreren Seiten im *BUCH DES LICHTS* beschrieben. Jetzt nur soviel: Die Atlantäer waren Riesen an Denkkraft, aber auch der Emotionen, was später das Sinken von Atlantis verursachte. Ihre Technologie war der unseren weit überlegen. Sie waren in der Lage, der Luft ätherische Energie zu entziehen und hatten so, kombiniert mit der Kraft der Kristalle und durch Umpolarisierung der elektromagnetischen Felder in schweren Lasten, die diese fast schwerelos macht, eine ewige Energiequelle in der Hand. Sie missbrauchten sie und scheiterten. Atlantis ist nun unter dem Grund des Ozeans und wird in naher Zukunft wieder aufsteigen.

LEMURIEN hatte auch eine Kultur und eine Zivilisation, die in den zyklopischen Überresten der gigantischen Statuen der Eastern Islands gefunden werden kann. Bestätigung der Existenz von Lemurien von einem Wissenschaftler: „Wahrscheinlich war Südasien selbst gar nicht die Wiege der menschlichen Rasse, sondern LEMURIEN, ein Kontinent, der im Süden Asiens lag und später unter die Oberfläche des Indischen Ozeans sank." (Ernst Heinrich Haeckel, deutscher Biologe, in *Pedigree of Man*, S.73)

URSPRUNG UND ENTWICKLUNG DER SPRACHE

Die transparenten menschlichen Astralrassen konnten offensichtlich keine Laute zum Zweck der Kommunikation produzieren, aber als der Mensch sich mehr verdichtete und physisch wurde, entwickelte er auch Sprache und Denken, zuerst Vokale und dann, durch die ganze lemurische Epoche hindurch, einsilbige Laute. Die heutige chinesische Sprache allein ist der direkte Nachkomme der uralten lemurischen Sprache. Später entwickelte sich die Sprache durch die Atlantische Epoche hindurch in die erste agglutinierte und dann flektierende Sprache.

Die Welt vor einer Million bis 800.000 Jahren

(Quartärzeit)

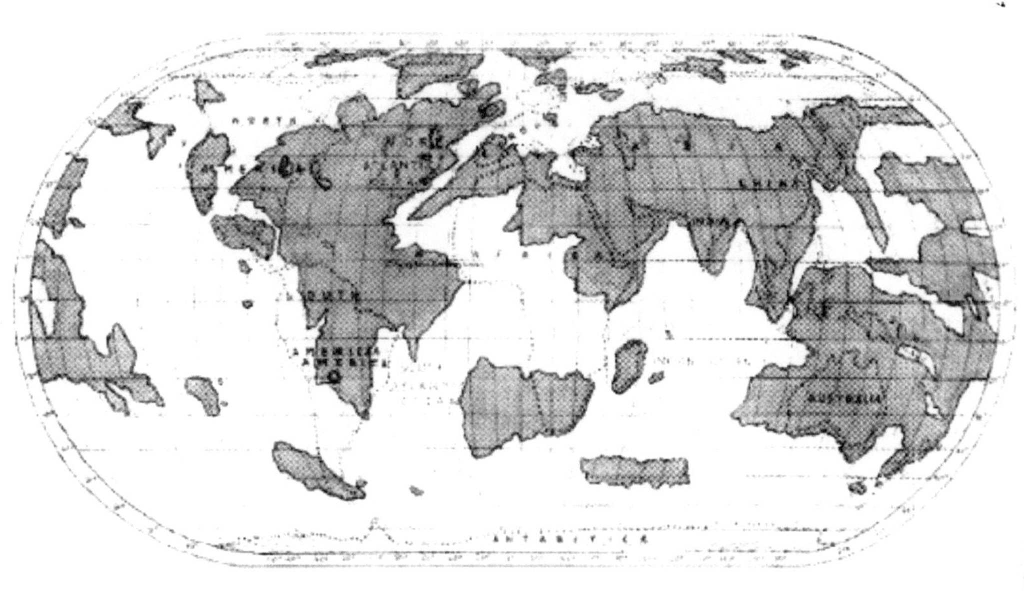

Die Welt vor 800.000 bis 200.000 Jahren

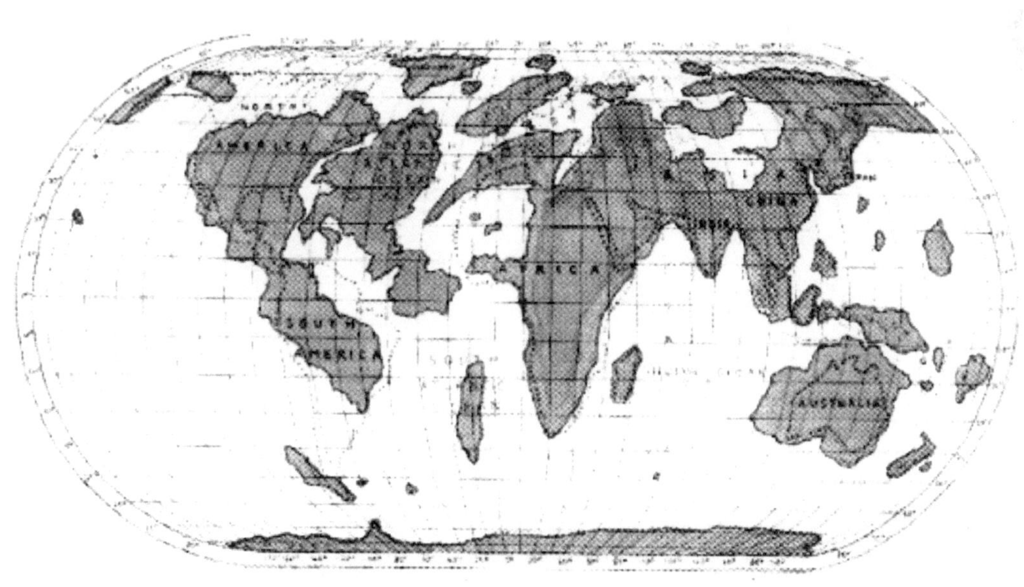

Die Welt vor 200.000 bis 80.000 Jahren

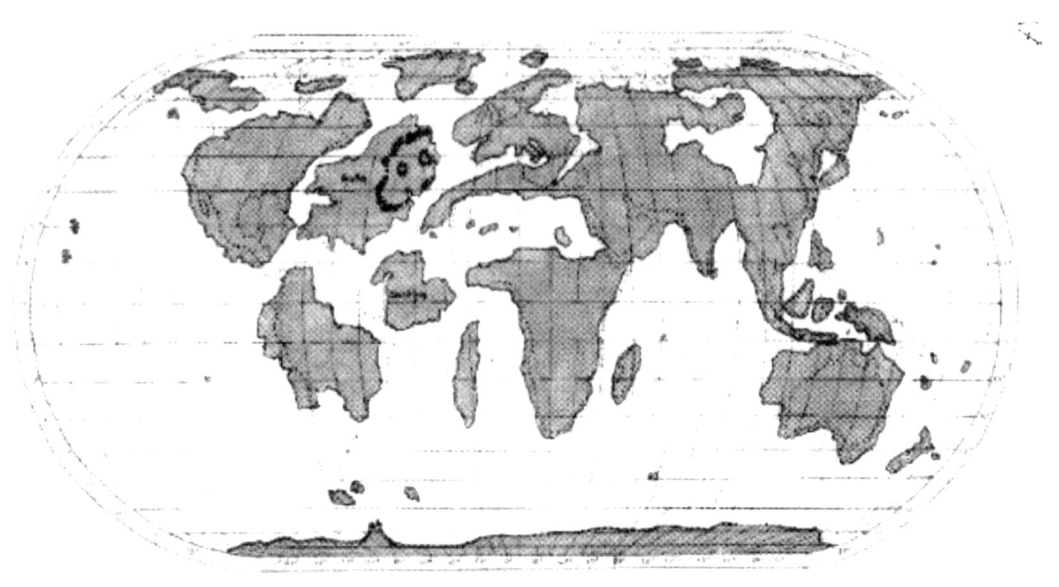

Die Welt vor 80.000 bis 9.564 Jahren

(9.564 v. Chr. versank der letzte Teil von Atlantis im Ozean)

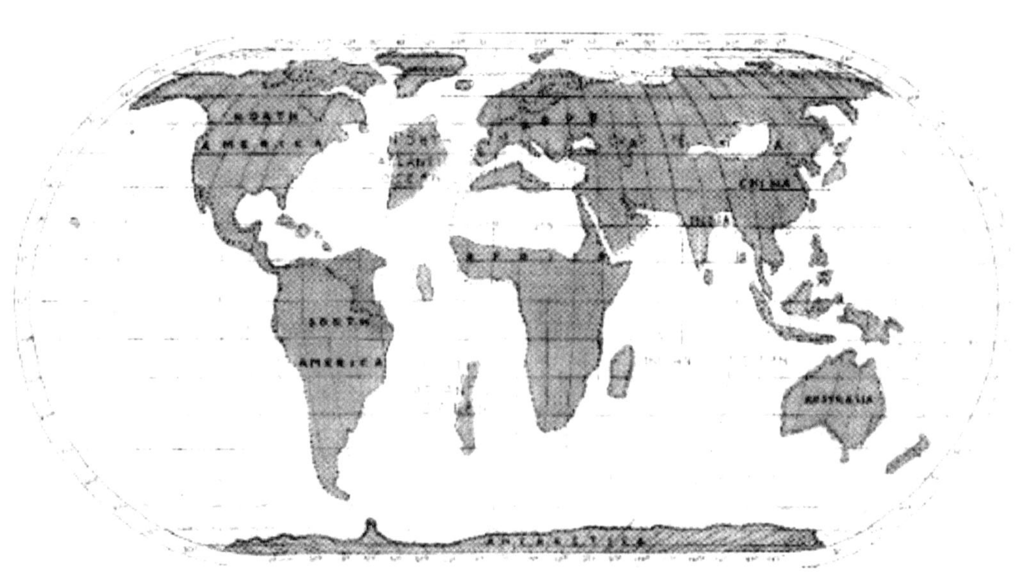

Die folgenden drei Seiten zeigen
eine illustrierte Zusammenfassung
der Veränderung der Kontinentalstruktur auf der Erde
von 85.000.000 v. Chr. bis heute.

85.000.000 v. Chr.

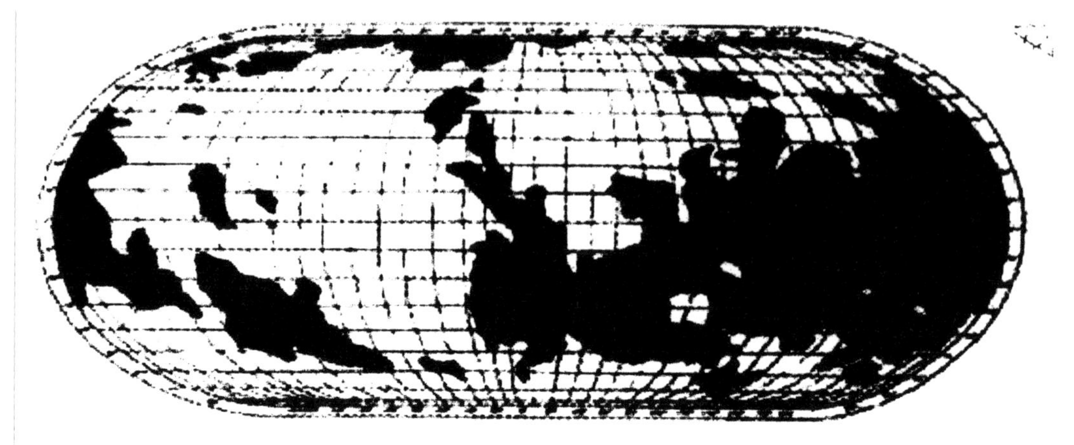

15.000.000 v. Chr.

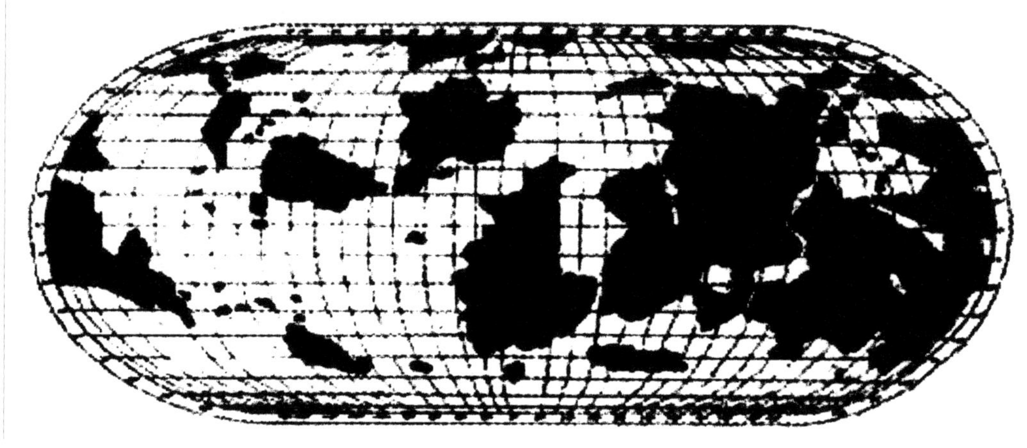

1.000.000 – 800.000 v. Chr.

800.000 – 200.000 v. Chr.

200.000 – 80.000 v. Chr.

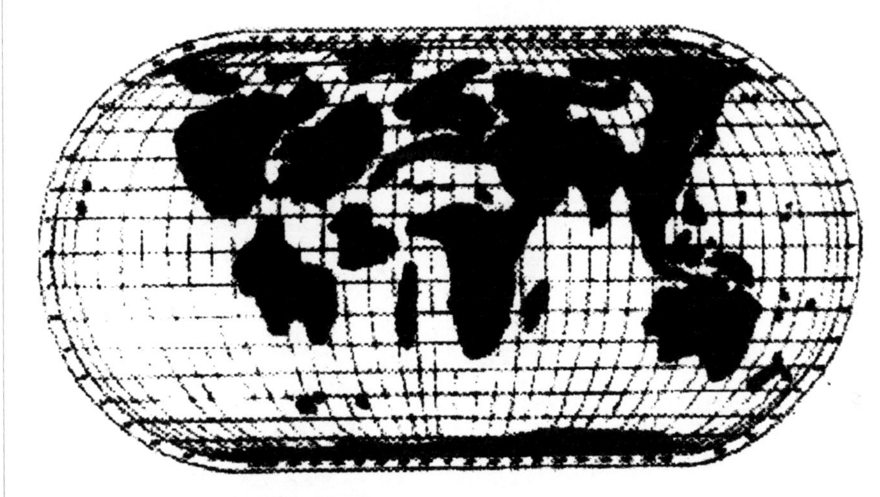

80.000 – 9.564 v. Chr.

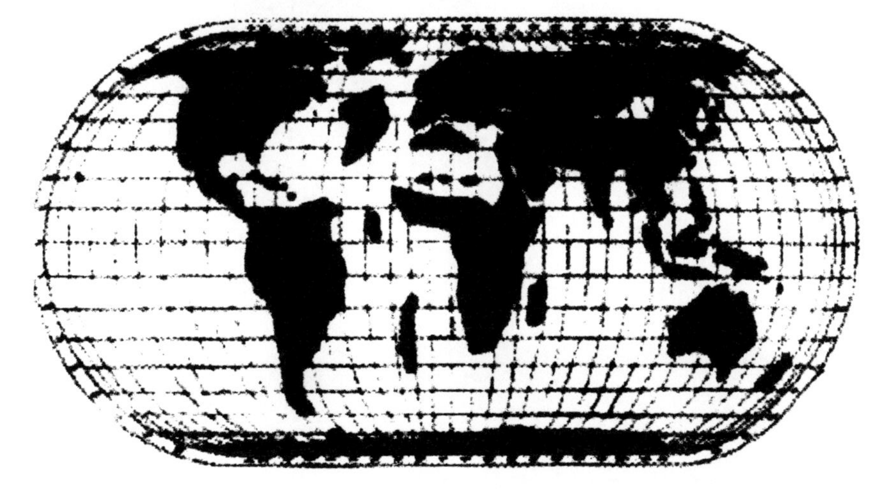

Die Welt von heute (20. Jahrhundert)

9.564 v. Chr.

Der Untergang der Insel Poseidonis, des letzten Restes von Atlantis. Die heutige Lage wird im ***BUCH DES LICHTS*** erklärt.

543 v. Chr.

DIE GEBURT DES BUDDHA

Der Buddha lehrte, dass du nicht dein Körper, dein Gefühl, dein Denken, deine Seele und dein Geist bist. Löse dich davon und du wirst eine neue Reinkarnation verhindern und ewigen Frieden in NIRVÂNA finden. OM. Er lehrte auch den Mittelpfad, der nach vielen Reinkarnationen zu NIRVÂNA führt. Buddha war bereits auf dem Mond von menschlicher Gestalt, während Jesus auf der Erde „menschlich“ wurde.

104 „v. Chr.“ – DIE GEBURT VON JESUS CHRISTUS

Die esoterische Wissenschaft lehrt, dass Jesus 104 Jahre vor dem offiziellen Geburtsdatum geboren wurde. Warum? Studiere ***DAS BUCH DES LICHTS***. OM. Jesus lehrte, wie der Buddha, Weltentsagung, den Kern **aller** Religionen. Sieh, was sie daraus gemacht haben...

JESUS IN ÄGYPTEN

Nachdem er in der Cheopspyramide (gebaut ca. 150.000 v.Chr.) eingeweiht worden war, enthüllte Jesus seinen Schülern das Geheimnis der EINWEIHUNG.

Aber die Kirche entstellt die Botschaft von Jesus, indem sie aus einer symbolischen Kreuzigung während der Einweihung den tatsächlichen Tod am Kreuz macht. Von nun an tötet der Mensch (5. Rasse) im Namen Gottes.

ES IST NUN AN DER ZEIT,

DER WELT DIE WAHRHEIT ÜBER JESUS CHRISTUS

ZU ENTHÜLLEN

Jesus erschien zum Beginn des Fische-Zeitalters, weshalb er als Fisch symbolisiert und seine Schüler symbolisch (und als Gleichnis) „Fischer“ genannt wurden. Heute, im 20. Jahrhundert, leben wir im Zeitalter des Wassermanns. So bedeutet jedes Erscheinen eines neuen Erlösers oder Verkünders auch hauptsächlich den Beginn einer neuen kosmischen Zeitperiode.

104 v. Chr.

Die Geburt von Jesus Christus, auch Yesoshua oder „Hilfe Jehovas" genannt. Sie kommen von überall her, Christus zu verehren und anzubeten. Unter ihnen ist auch der brilliante Mathematiker und Astrologe Melchior, der Weise, eine Reinkarnation von El Morya. Jesus war von dunkler Hautfarbe.

Das Kind Jesus wird von großen Meistern, die holographische Gedankenformen nutzen, in die Geheimnisse des Ursprungs und der Bestimmung von Mensch und Universum, aber auch von Karma und Reinkarnation, eingeweiht. Sie raten ihm, sexuell enthaltsam zu leben, um Erleuchtung zu erlangen. Jesus hatte niemals Geschlechtsverkehr, weder mit Frauen noch mit Männern.

JESUS IN INDIEN

Große Gurus lehrten Jesus, wie man die Elemente und auch die über sie herrschenden Engel kontrolliert und wie man astro-projiziert.

Jesus fastet 40 Tage und Nächte, dann führt ihn ein Engel der Dunkelheit (Mamo-Chohan) in Versuchung. Aber Jesus widersteht der Versuchung und ist nun wie so viele vor ihm bereit für...

JESUS IN ÄGYPTEN

... Einweihung in der großen Pyramide in Al Giza, Cheops-Pyramide genannt, die allerdings lange vor der Regentschaft dieses ägyptischen Königs gebaut wurde.

Nachdem er die Sphinx, das Symbol der Transformation der tierischen in die menschliche Natur, betreten hatte, erreicht Jesus, indem er durch einen unterirdischen Tunnel kriecht, die große Pyramide. In Galerien und geheimen Gängen wird Jesus noch einmal von dämonischen Kräften und Versuchungen getestet, aber er übersteht sie alle.

Endlich erreicht er die Königskammer, wo DER INITIATOR („Melchizedek" der Bibel) und zwei Assistenten auf Jesus warten. Sie binden ihn an ein Kreuz in Richtung Sonne und bieten ihm ein Getränk (Soma) an, welches die Loslösung seines Astralkörpers vom physischen Körper erleichtern soll. Der Initiator warnt Jesus: „Noch kannst du nein sagen!" Für einen Moment reflektiert Jesus den Gedanken, dass „der Kelch an ihm vorübergehen möge", aber dann beschließt er zu trinken. Sie mesmerieren Jesus, binden ihn los und...

... legen ihn in einen Steinsarg. Der Initiator löst nun den Astralkörper von Jesus vollständig und geleitet ihn...

.. in niederste astrale Höllenregionen auf dem „Planeten des Todes", wo Jesus von Dämonen der Lust, des Hasses und anderen schaurigen Astralformen umgeben ist. Unter diesen verlorenen Seelen sind viele weltliche und religiöse Führer, die ihre Macht missbraucht haben, als sie auf der Erde und auf anderen Planeten lebten. Nun bezahlen sie dafür. Die kleinste Unreinheit im astral-mentalen Körper von Jesus würde ihn den zerstörerische Energien diese Infernos aussetzen und es unmöglich machen, in seinen physischen Körper in der Pyramide zurückzukehren. Aber Jesus ist rein, ohne Leidenschaft und Verlangen und deshalb furchtlos. Er besteht den Test, welcher da ist...

... sieben verlorene Seelen vom „Planeten des Todes“ zu erlösen und mit ihnen zu Gott, in diesem Falle Brahma, dem höheren Selbst unseres Sonnensystems, aufzusteigen. Nachdem er alle Weisheit des Universums in der Gegenwart Brahmas und seiner Engel erfahren hat, kehrt Jesus am dritten Tag, geführt vom Initiator, in seinen physischen Körper im Steinsarg zurück.

Jesus mit einer geöffneten und strahlenden höchsten (Kronen)- Chakra und einer symbolischen Krone aus Dornenzweigen

Beim Erwachen spricht der nun voll erleuchtete Jesus die Worte: „Eli, eli, lamah shabahhtani!", was bedeutet: „Mein Gott, mein Gott, wie verherrlichst du mich!" Später wurden diese Worte durch die Veränderung masoretischer Punkte gefälscht in: „Eloi, eloi, lama sabacthani!" (röm.-kathol. Version), was bedeutet: „Mein Gott, mein Gott, warum hast du mich verlassen!"

Der Zweck dieser Fälschung war es, Jesus als Märtyrer zu präsentieren, der für deine Sünden starb**. Niemand** kann für deine Sünden sterben, **du** musst sie alle **selbst** ausleben durch Karma und Reinkarnation.OM.

Der Initiator speist Jesus mit einer kleinen (Sonnen)-scheibenförmigen Oblate aus Sauerteig. Dann erklärt er ihn zum „Erleuchteten", „Dem Licht der Welt", zum „Christus", zu „Gottes Hirten", zum „Sohn der Rechtschaffenheit und Gerechtigkeit", zur „Aufgehenden Sonne", zu „Lord und Bräutigam" (weil androgyn im Bewusstsein und nur verheiratet mit Gott), zum „Lamm Gottes", aber niemals zum „Sohn Gottes." Jesus spricht in der Bibel von sich immer als „der Menschen Sohn".

Wie die Einweihung durch einen hohen Geistlichen in die heutige Krönungszeremonie durch einen Papst, die „Könige“, „Königinnen“, „Prinzen“ und „Prinzessinnen“ hervorbringt, degenerierte.

Das System der Einweihungen reicht zurück bis in die Zeit von Atlantis, wo einer nur König sein oder werden konnte, wenn er den (oftmals tödlichen) Test der Einweihung bestand. Dann öffnet sich dessen (Kronen)-Chakra im obersten Teil des Schädels und die Massen würden ihn (oder sie) als ihren Führer oder König anerkennen, weil er eingeweiht und vom höchsten Geistlichen „gekrönt“ worden war. Jeder, der König sein wollte, musste diesen Test der Einweihung bestehen, um die beweisen, dass er der Reinste bezüglich Körper, Geist und Seele war. **Es gab keine durch Blutsbande vererbbare Krönung.**

Später büßten die Priester und Könige ihre Reinheit ein, so dass sich ihre Kronenchakra nicht öffnete und nicht mehr strahlte, und der Priester setzte dem „König“ als Ersatz für die strahlende Kopfchakra eine richtige Krone auf den Kopf. Die Herrscher, unfähig, den Test der Einweihung zu bestehen, führten die Vererbbarkeit der Thronfolge durch Blutsbande ein, was zur Inzucht und schließlich zu den „Königen“, „Königinnen“, „Prinzen“ und „Prinzessinnen“ von heute führte.

Möge ***DAS BUCH DES LICHTS*** uns sicher durch das Zeitalter der Dunkelheit (Kaliyuga) führen, wo die Bösen über die Schwachen herrschen. OM.

JESUS KEHRT ZURÜCK NACH PALÄSTINA

Jesus enthüllt einigen wenigen Jüngern in aramäisch (und nicht in hebräisch, was damals noch nicht einmal existierte) die Geschichte seiner Einweihung: „Geht und predigt zu den Menschen, dass das Leben selbst eine Einweihung ist, eine Prüfung, und wer sie besteht, der wird ein Christus, so wie ich einer bin." Er lehrte sie auch das Gesetz von Karma und Reinkarnation (was bis 538 n. Chr. Kirchendogma blieb) und den Sinn des Lebens, welcher schließlich darin besteht, dem Leben zu entsagen und NIRVÂNA zu erreichen. Er bat seine Schüler jedoch, in Gleichnissen zu predigen und zu lehren, da die Menschen die Wahrheit sonst nicht verstehen würden.

Die „gute Geschichte" oder „good spell" oder „Gospel" von Jesus verbreitete sich schnell und fand viele Anhänger, aber sie erregte auch die Aufmerksamkeit der ...

... Mächte der Finsternis. Sie verfälschten, stahlen und entstellten Jesus' Lehre von Karma und Wiedergeburt, bis das daraus wurde, was man heute „Die heilige Schrift" nennt. Möge Karma Erbarmen mit ihnen haben.

DAS WESENTLICHE DER LEHRE VON JESUS

1. **Die Bibel ist der menschliche Körper.**
2. **Die sieben Siegel sind die sieben Chakren, die sich eines Tages öffnen und uns befreien werden.**
3. **Der Sinn des Lebens ist unsterbliches Bewusstsein in NIRVÂNA.**

600 n. Chr. - Die Geburt des Islam

DAS BUCH DES LICHTS enthüllt uns, dass der Koran oder Quran, der heilige Text des Islam, ursprünglich von heiligen Frauen des Kore- oder Q're- (jungfräulichen) Stammes geschrieben worden war. Dann kam Mohammed (Muhammad Ashraf) und veränderte den Koran zu der Schrift von heute. Das Ergebnis: Die Nation des Islam. Möge ***DAS BUCH DES LICHTS*** alle Religionen der Welt vereinen.

Ein Gott
Eine Religion
Eine Schrift

DAS BUCH DES LICHTS

Buch der Bücher und Retter der Menschheit

OM

DAS 20. JAHRHUNDERT n. Chr.
DIE WIEDERKUNFT CHRISTI

... ist eine Schrift.[6] Christus inkarniert oder manifestiert sich im ***BUCH DES LICHTS*** sowie im Buch „Die Botschaft des wahren Gottes – NIRVÂNA.“ Beide Bücher wurden Lanoo vom **MAHÂ-CHOHAN** diktiert. **OM.**

---

6 „Maitreya (Christus) kann sich nicht manifestieren. Es ist die SCHRIFT, die sich manifestiert“ – Jiddu Krishnamurti.

DAS 21. JAHRHUNDERT n. Chr.
DAS HEILMITTEL FÜR AIDS UND KREBS

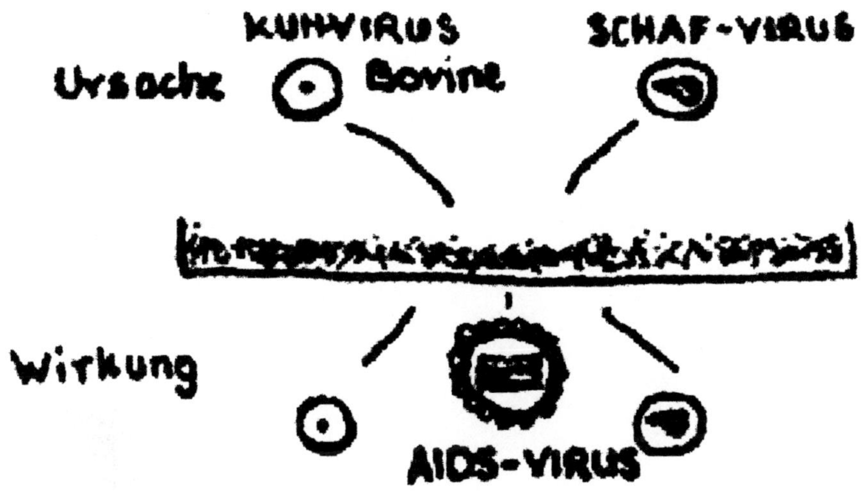

AIDS, eine von Wissenschaftlern im Labor erzeugte Krankheit [7], und Krebs sind Viruskrankheiten. Bestimme die Tödliche Schwingungsrate (TSR) für jedes Virus individuell und zerstöre es dann mit elektromagnetischer Schwingung.
Ozontherapie wäre, wie im *BUCH DES LICHTS* beschrieben, eine von vielen anderen Methoden.
Das Bundesbanksystem entthront und entmachtet. Der Kongress (der dann wirklich die Menschen vertritt) druckt und verteilt das Geld von nun an selbst. J.F.Kennedy starb nicht umsonst...

---

7 Lies das Buch „*Der Mann, der AIDS erschuf*“ von Lanoo.

14.000 n. Chr.

DAS ENDE VON EUROPA

Der britische Kontinent wird über Nacht zu Eis erstarren und dann untergehen, gefolgt vom Rest von Europa.

1.000.000 n. Chr.

DAS ENDE VON AMERIKA

... und der Amerikaner. Der Kontinent wird versinken und neue Kontinente werden sich aus den Wassern erheben.

2.000.000 n. Chr.
DAS ENDE VOM SEX

„Sex ist eine Übergangsphase in der Entwicklung der Rassen und nicht natürlich für die Menschheit. In Wandel der Zeiten werden wir feststellen, wie unser gegenwärtiger physiologischer Status als Mann und Frau sich auflösen wird."

Prof. Dr. G. von Purucker

Fast alle Lebensformen einschließlich der Menschheit (6.Rasse) sind jetzt wieder androgyn bzw. ungeschlechtlich und erzeugen neues Leben durch Selbstteilung ohne den Prozess der geschlechtlichen Vereinigung. Rückkehr des Dritten Auges. Sanskrit ist Weltsprache**.** ***DAS BUCH DES LICHTS*** herrscht. OM.

CA. 2 MILLIARDEN JAHRE SPÄTER
ACHT MAHA-DEVAS

Acht Super-Engel erscheinen zum 503. Mal auf der Erde und erneuern das Gedächtnis und die Lebensenergie einer nun androgynen Menschheit (7.Rasse). Das ist das Ende der Siebenten Runde. Die Astronomen zerstören ihre Instrumente und alle Monaden oder Wesenheiten bereiten sich auf die Rückkehr nach NIRVÂNA vor, das sie, bewusst oder unbewusst, je nach dem Grade ihrer spirituellen Entwicklung erfahren werden.

2.150.000.000 n. Chr.
DER TOD DER ERDE

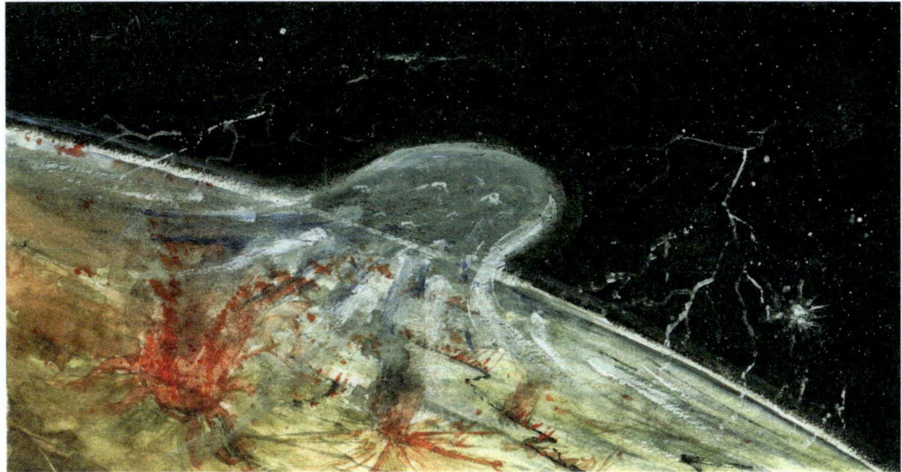

Jehova und mit ihm die meisten Monaden ziehen sich in das interplanetarische NIRVÂNA zurück. Der sterbende Planet Erde projiziert seine Lebenskraft in ein neues homogenes Zentrum der Differenzierung (laya), um welches sich neue kosmische Energie ansammelt und damit schließlich zu einem neuen Planeten wird. Unser Planet Erde wird dann (in etwa sieben Milliarden Jahren n. Chr.) zum Mond jenes neuen Planeten, und so geht es weiter, Planet nach Planet, bis...

30.240.000.000 n. Chr.
DER TOD DES SONNENSYSTEMS

... die Sonne stirbt. Die Sonne zuerst, gefolgt von den Planeten des Sonnensystems.
1) Die Sonne verändert ihre gasförmige Struktur in feste Materie. 2) Die Sonne implodiert in unzählige Meteoriten und 3) Alle Wesenheiten und Monaden der Menschheit werden dann gereinigt sein von ihren physischen, astralen und mentalen Körpern. Sie kehren zurück in das wohlverdiente NIRVÂNA, um nach einer kosmischen Ruheperiode in ein höher entwickeltes Sonnensystem einzugehen. Und so weiter, Sonnensystem nach Sonnensystem, bis...

155.517.831.000.000 n. Chr.
DER TOD DES UNIVERSUMS

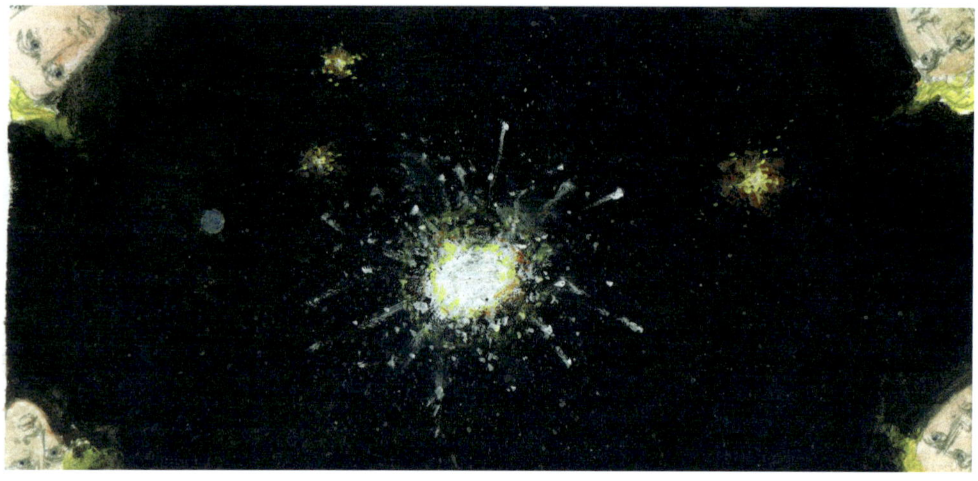

... das gesamte Universum mit allem darin in einem gigantischen Feuerball explodiert, der von den SIEBEN STRAHLEN in GOTT oder BRAHMAN, der Urmaterie, absorbiert wird und schließlich in das EWIG-UNERKLÄRBARE, NIRVÂNA, zurückkehrt. Oh, Lanoo, das Universum ist der Körper von Christus. Jeder, der NIRVÂNA erreicht, vergrößert das göttliche Bewusstsein von Christus. **OM.**

Nach einer kosmischen Ruheperiode von 311.040.000.000.000 Jahren. Das Verlangen zu sein oder zu werden erwacht von Neuem in der Urmaterie...

466.562.169.000.000 n. Chr.

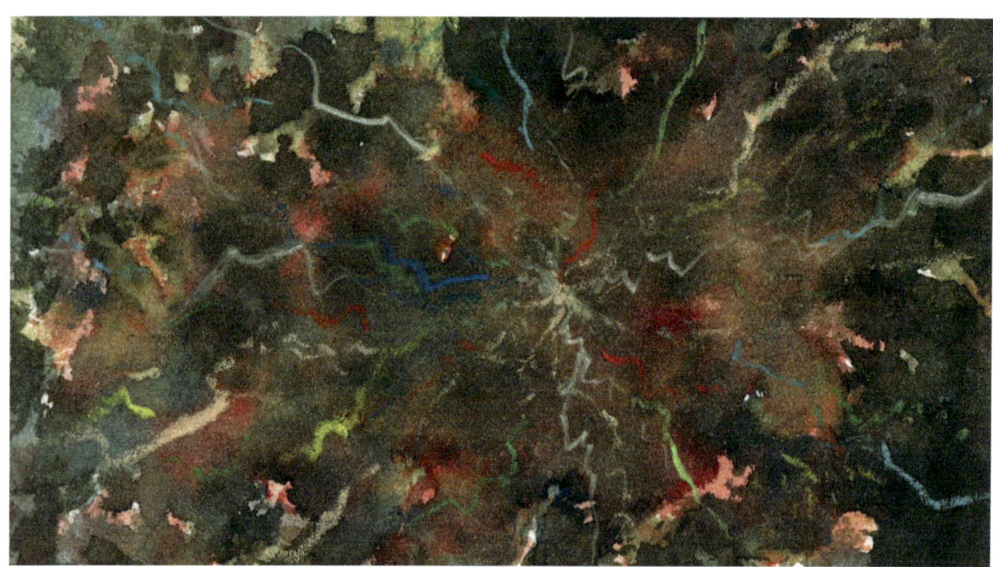

Chaotische Energiefelder lösen sich (erst abstrakt, dann real) aus dem EWIG-UNERKLÄRBAREN (Parabrahman) und strömen in den ewig existierenden Raum...

ATTO SEKUNDEN SPÄTER
DAS WIEDERERWACHEN DES UNIVERSUMS

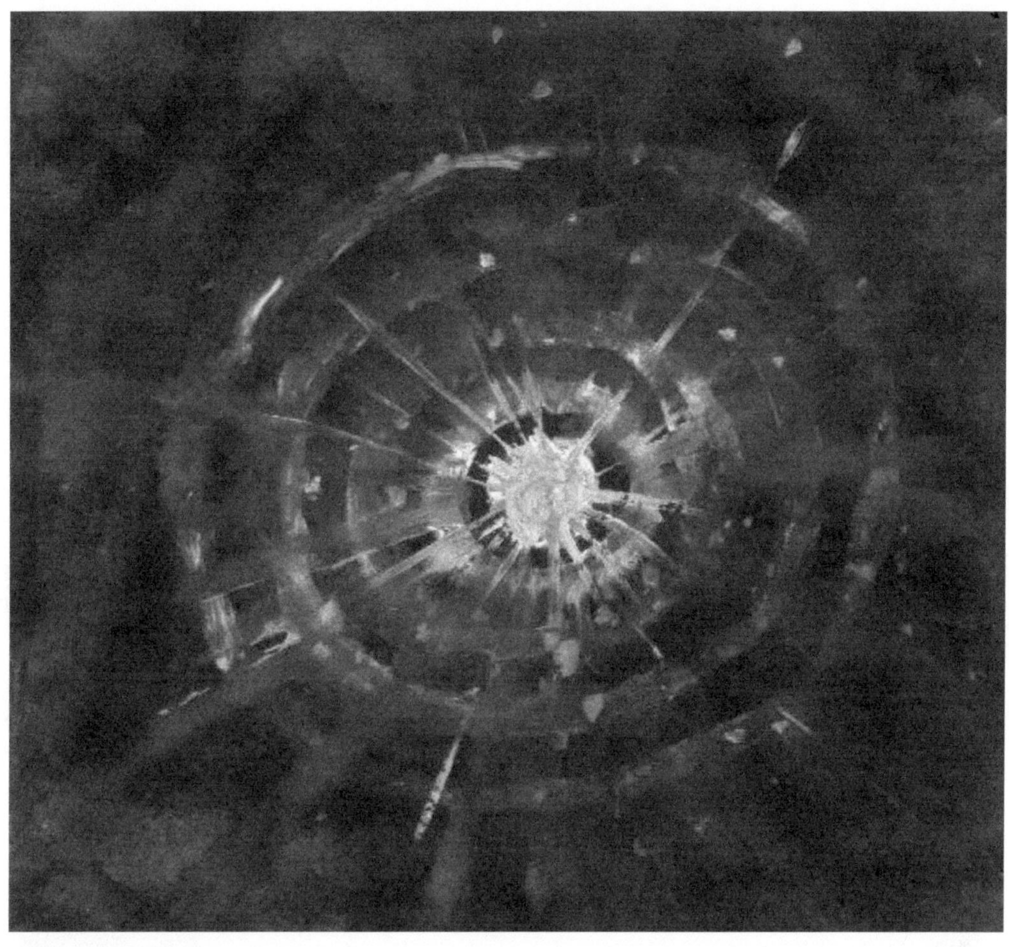

Der wiedererwachte CHRISTUS-STRAHL berührt das Chaos, und alles beginnt von Neuem, aber auf einer höheren Bewusstseinsebene als zuvor, bis die Zeit kommt, wieder in NIRVÂNA absorbiert zu werden.

Oh, Lanoo,
das Leben ist nichts anderes als Illusion (Maya).
Wahrheit ist nur in NIRVÂNA.
OM.

„Eines Tages werden wir nicht aufhören zu lächeln. Wenn wir gehen, werden wir schweben. Und Licht wird sich aus unseren Augen ergießen.“

Space – Time and Beyond **von Sorfatti und Bob Toben.**

„Wir müssen unser Verlangen kontrollieren, damit es uns nicht kontrolliert.“

Elvis Presley

Der Ursprung und das wahre Alter der Nationen und Rassen auf Erden

Eine kurze, aber wichtige Bemerkung zum Begriff „Rasse“

Der Begriff „Rasse“ per se beschreibt nichts weiter als „Kleider“ für die Wesenheiten IN der jeweiligen Rasse. Rasse, engl. race, auch „das Rennen“ oder „rasen“. Rasse bedeutet, dass wir uns alle in einem Wettrennen befinden. Wir alle rasen auf NIRVÂNA zu. **Jede Wertung trifft immer nur auf die äußere Hülle zu**, aber niemals auf die Wesenheit, die durch diese Rasse lernt. In uns allen ist ein individuell verschiedener Gott, der nach NIRVÂNA strebt, dem höchsten Ziel aller Menschen und Götter. **Es liegt an uns, was wir sein wollen, die Hülle oder der Kern.**
Wo kommen die Menschen an sich her? Zu welcher Rasse gehören sie? Die meisten von uns, so seltsam das für denjenigen klingen mag, der mit den esoterischen Wissenschaften nicht vertraut ist, die meisten von uns waren bereits Menschen auf dem Ursprungsplaneten der Erde, welcher später zu unserem Mond von heute erkaltete und erstarb. Vergangenheit, Gegenwart und Zukunft auf der Erde gleichen denen auf dem Mond, nur etwas höher entwickelt. Die meisten Menschen, Tiere, Pflanzen und Steine auf Erden waren, mit Ausnahmen, bereits Menschen, Tiere, Pflanzen und Steine auf dem Mond, nur weniger entwickelt.

Die Stammes-, National- und Familienrassen und ihre Lebensdauer

Die Lebensspanne aller menschlichen Rassen wird bestimmt durch die Änderung der Erdachse, welche sich wiederum um die Achse der Ekliptik bewegt und damit alle 25.920 Jahre einen perfekten Konus beschreibt. Diese orbitale Bewegung wird, überschattet von Mond und Erde, auch Präzessional-Zyklus genannt. Der Schlüssel zum Geheimnis der Beziehung zwischen den Rassen, ihrer Lebensspanne und dem Präzessional-Zyklus ist fast immer die Nummer 7. Dividiere 25.920 durch 7 und du wirst die Lebensdauer einer Stammesrasse erhalten, nämlich etwa 3.702 Jahre. Dividiere dies durch 7 und du erhältst die Lebensdauer einer Stammesgeneration, etwa 528 Jahre. Dies durch 7 geteilt ergibt etwa 75, welches die mittlere Lebensdauer des Menschen ist, obwohl die statistische errechnete Lebensdauer nur etwa 15 bis 20 Jahre beträgt, da man hier jene Millionen in Betracht ziehen muss, die in Kriegen, durch Unfälle oder Krankheit oft sogar noch vor Abschluss der Kindheit sterben.
Wie lange ist nun die Lebensdauer einer Familienrasse? 7 x 25.920 oder 181.440 Jahre. Es ist natürlich nicht nur der Präzessional-Zyklus, welcher unsere Lebensdauer bestimmt, nein, es sind hauptsächlich die Wechselbeziehungen zwischen Sonne, Mond und dem Äquator der Erde. Der Rest ist einfach. Wenn ich weiß, welche Rasse eine Stammes-, National- oder Familienrasse ist, dann weiß ich auch, wie lange sie noch zu leben hat. Man muss jedoch dabei bedenken, dass dies nur Kerndaten sind und dass die Rassen weitaus länger leben, da sie sich überlagern und auslaufen wie Wellen, weshalb wir auch von „Lebenswellen“ sprechen.

Jene, die *DAS BUCH DES LICHTS* studieren, wissen bereits um die Länge der Lebensperiode der sieben großen Wurzelrassen in Vergangenheit, Gegenwart und Zukunft. Ich werde nun dem Leser enthüllen, zu welcher Rasse er gehört und wie lange er (die Wesenheit) in dieser Rasse noch zu leben hat, bis er sich eine neue aussucht oder, wie ich hoffe, NIRVÂNA erlangt.

Individuelle Menschen: 75 Jahre

Stammesgeneration:

528 Jahre (Italiener, Engländer, Russen, Germanen).
Lebensrhythmus: 200 Jahre Aufstieg – 200 Jahre Fall, plus jeweils überlappender Zeit, welche bis zu 50% der Lebensperiode selbst andauern kann. Dies gilt auch für alle anderen Rassen und deren Lebensperioden.

Stammesrassen:

3.702 Jahre.
SLAVEN: Russen, Polen, Tschechen, Bulgaren.
TEUTONEN: Germanen, Skandinavier, Engländer und praktisch alle Nationen Europas sind teutonisch. Kelten, Iren und Waliser sind Stammesrassen, ebenso wie Schotten und Einwohner der Bretagne.

Nationale Rassen:

25.920 Jahre (Einheit in Blut und Sprache).
Jene, die in der neuen Welt leben, gehören zur nationalen Rasse (Rothaut-Azteken, Inkas etc.). Die Mongolen sind eine nationale Rasse. Die Polen, Germanen, Franzosen, Schweizer, Russen, Griechen, Bulgaren, Tschechen, Engländer, alle Skandinavier, Belgier, Niederländer, Portugiesen und alle Spanier bilden zusammen eine nationale Rasse.

Familienrassen:

181.440 Jahre.
Kaukasier sind eine Familienrasse. Dazu gehören die Europäer, Amerikaner und die Hindus. Die Hindus gehören jedoch nicht zu unserer europäischen nationalen Rasse. Mongolen sind auch eine Familienrasse. Dazu gehören die Chinesen, Manchus, Japaner, Lolo, Tibetaner, Burmesen, Siamesen und zum Teil auch die Malayen.

ADAM
Adam-Eva

Adam ist kein Mann und mit Sicherheit nicht der „erste“ Mann, sondern der Sammelbegriff für eine Rasse, nämlich eine bzw. die androgyne menschliche Rasse, Mann und Frau in einem, wie das Buch *Genesis*, Kapitel 3, beweist: „ ... Adam und Eva waren – und ihr Name war Adam.“ IHR Name, also der Name der Adam-Eva oder Mann-Frau in einem, war Adam, nämlich ein androgynes Wesen, Mann-Frau in einem, das sich später (18.000.000 v. Chr.) in Männer und Frauen teilte oder von Adam-Evas in Adams UND Evas, und diese Adams und Evas vermehrten sich DANN sexuell. Das ist ja auch ganz klar und macht viel mehr Sinn als anzunehmen, dass wir alle Inzuchtprodukte von einem Paar sind.

AFRIKANER
9.000.000 v.Chr.

Die afrikanischen Rassen waren jene Rassen, in welche vor Millionen von Jahren die weniger entwickelten Wesenheiten inkarnierten. Aber: Die Afrikaner werden eines Tages zu einer hohen Kultur aufsteigen und werden dann (die meisten von ihnen) wieder fallen[8], wie es schließlich mit jeder Rasse (weiß, rot, braun oder schwarz) passieren wird. Die Afrikaner sind physische Nachfahren der 4. und einige sogar der 5. arischen Wurzelrasse, was Schwarze und Weiße einschließt. Als die Wesenheiten in die afrikanische[9] Rasse inkarnierten, hatten sie (noch) nicht das Karma dieser Rassen, die ihre Intelligenz missbraucht hatten. Die afrikanische Rasse ist eine Rasse, die sich, bedingt durch ihr Karma, von allen anderen schwarzen und weißen Rassen unterscheidet, und nur die, die das ***BUCH DES LICHTS*** studieren, werden verstehen... . Per Definition sind die Afrikaner kaukasisch-mongolische Afrikaner. Aber wer denkt, dass kaukasisch oder (und) arisch nur weiß bedeutet, oder wer glaubt, dass Arier nur weiße Menschen sind, der muss ***DAS BUCH DES LICHTS*** studieren.
Rassismus wird durch einen Mangel an esoterischem Wissen verursacht. Die Seelen der weißen Menschen inkarnieren in schwarze oder gelbe Körper und anders herum, ausschlaggebend ist nur ihr Karma. Der schwarze Mann, den du jetzt hasst, könnte dein Bruder in einem vergangenen Leben gewesen sein. Der weiße Mann, den du jetzt hasst, könnte dein schwarzer Bruder (oder die Mutter, die Schwester, der Vater) in einem vergangenen Leben gewesen sein. Die richtige Lehre der Reinkarnation, wie im ***BUCH DES LICHTS*** beschrieben, ist der größte Feind des Rassismus und wird schließlich zu allen Rassen und Hautfarben zurückkehren oder vielmehr zu denen, die bereit sind für ***DAS BUCH DES LICHTS***. OM. Der Rest wird vom größten aller Lehrer, welcher das LEIDEN ist, lernen müssen.

ÄGYPTER
9.000.000 v. Chr.

Die Ägypter gehören zu jenen Atlantäern oder Atlantiden, die vor ihren schwarzmagischen Brüdern flohen. Sie hinterließen ein Zeugnis ihrer großen Kultur, die Pyraiden, deren wahre Funktion in diesem Buch erklärt wird. Die ganze Wahrheit über Ägypen und die Ägypter kann nur denjenigen enthüllt werden, die ernsthaft **DAS BUCH DES LICHTS** studieren. Wann flohen diese atlantischen Eingeweihten von ihrer verfluchten Insel nach Ägypten? – Als es neu gebildet wurde, durch den Nil-Fluss. Dies geschah vor dem Untergang von Poseidonis (9.465 v. Chr.). Es ist darum kein Widerspruch zu sagen, dass die Ägypter und ihre Kultur 20.000 Jahre alt sind, aber auch 150.000 Jahre. Die Ägypter sind älter als die Inder, obwohl sie, die Ägypter, ihre Gesetze und sozialen Einrichtungen, Künste und Wissenschaften vom prävedichen Indien erhielten bzw. lernten. Denn: Ein Kontinent kann in Wellen bevölkert wer-

---

8 Die einzig wahren Afrikaner werden (nach der künstlich erzeugten AIDS-Epidemie) auf entfernten Teilen des afrikanischen Kontinents überleben. Der Rest wird sich mit anderen Rassen mischen, bis es irgendwann einmal keine „reinen" Afrikaner mehr geben wird.

9 Wichtig: Afrikaner, Ägypter und Chinesen haben ihren Ursprung nicht notwendigerweise in Afrika, Ägypten oder China, sondern emigrierten oftmals später dorthin.

den, Primitive zuerst und die höher entwickelten später, so wie es mit Ägypten und Indien geschah. Ägypter sind Ost-Äthiopier. Sie kamen vor und nach dem Sinken der letzten Reste von Atlantis (Platos Poseidonis) nach Indien. Und wenn ich sage, vor dem Sinken der letzten atlantischen Insel, meine ich auch, bevor der Hauptteil von Atlantis zu sinken begann, was vor Millionen von Jahren war. Die reinen Atlantäer ahnten die Katastrophe, und als Atlantis zu sinken begann, migrierten die atlantischen, aber auch die arischen Eingeweihten zu neuen Ländern, zu denen Amerikas, Afrikas und zu Teilen von Indien, die in dieser Reihenfolge aus den Fluten stiegen: 1. Amerika, 2. Ägypten, 3. Indien. Doch als sich Amerika zum ersten Mal aus den Wassern erhob, hatte es noch nicht die gegenwärtige Struktur. Dann erschienen die ersten Wurzeln von Ägypten und danach das Oberasien von heute. Die Ägypter haben also atlantische Wurzeln, da ihre atlantischen Ahnen vom sinkenden Kontinent flohen und Millionen von Jahre hindurch auf der Suche nach neuem Land alle Erinnerung an ihr Heimatland verloren (außer ihren Eingeweihten). Wenn wir also über Ägypten sprechen oder schreiben, dann meinen wir verschiedene Immigrationen in verschiedene „Ägyptens“, bevor das Ägypten von heute vom Nil-Fluss geformt wurde. Dann, nachdem dies geschehen war, kamen vor mehr als 10.000 Jahren neue Kolonisationen vom sinkenden Poseidonis. Doch dann stand die Pyramide bereits, gebaut von Poseidoniern, welche die schwarz-magische Insel vor über 150.000 Jahren verlassen hatten. Die Große Pyramide von Cheops ist also etwa 150.000 Jahre alt.

AMERIKANER
4.500.000 v. Chr.

Amerikaner sind Überbleibsel der 4. atlantischen und 5. arischen Wurzelrasse, welche sich nun hier auf dem Kontinent zusammengefunden haben, um die 6. Wurzelrasse zu gründen, deren Buch ***DAS BUCH DES LICHTS*** und deren Hymne **DEVA** sein wird.

ANDAMAN INSULANER
18.000.000 v. Chr.

Die Wurzeln der Andaman Insulaner reichen zurück bis um 18.000.000 v. Chr. Sie sind ein Überbleibsel der 3. Wurzelrasse, auch Lemurier genannt, obwohl auch atlantisches Blut in ihnen ist, denn die Rassen überschneiden sich. Andaman Insulaner sind degenerierte Nachkommen derjenigen der 3. Wurzelrasse, die nach der Teilung der androgynen Menschheit in Geschlechter Geschlechtsverkehr mit Tieren hatten und sind daher dem Affen, der ja auch das Resultat von Sex zwischen Mensch und Tier ist (etwa 9.000.000 v. Chr.), antrophomorphisch am nächsten.

ARABER
9.000.000 v. Chr.

Araber sind die Nachkommen von gemischten Atlantäern und frühen Ariern. Die Araber haben ihren Höhepunkt noch nicht erreicht, aber sie werden fallen so wie alle anderen Rassen. Körper und Geist müssen vergehen. Nur NIRVÂNA ist real. OM. Im Anbeginn ihrer Entwicklung waren die Araber Wilde.

ARIER
4.500.000 v. Chr.

Arier haben alle Hautfarben, denn der Begriff „arisch“ stammt von dem Sanskritwort „Arya“ ab, was würdig oder heilig bedeutet und ein Titel war, der weisen Geistlichen in Indien verliehen wurde. Später wurde der Name „arisch“ für eine Rasse verwendet und wird heute von Fanatikern, die sich Arier nennen und nichts über den wahren Ursprung dieses Namens wissen, missbraucht. Im *BUCH DES LICHTS* wird der Begriff „arisch“ für die 5. Wurzelrasse verwendet, die um 4.500.000 v. Chr. ihren Ursprung hatte (aus der 4. heraus entstehend). Das war zu der Zeit, als Atlantis begann, im Ozean zu versinken. Das Ende der arischen Rasse: 4.500.000 n. Chr. Vorläufer der 6. oder der 5. Wurzelrasse sind schon da... . Arier und/oder Atlanto-Arier sind: Amerikaner, Araber, Babylonier, Kaukasier, Kelten, Europäer per se, Deutsche, Goten bis zu einem geringen Grad. Juden, Hindus, Oskaner, Römer, Samniten und Skandinavier.

ASTRALE RASSEN
300.000.000 v. Chr.

Damit sind die ersten sieben astral-embryonischen Menschheiten gemeint. Sie waren nicht viel mehr als transparente Schatten und erschienen (wieder) auf dieser Erde um etwa 300.000.000 v. Chr. zum Beginn der 4. Runde. Sie gehören zur ersten Wurzelrasse und manifestierten sich auf dem „Heiligen unzerstörbaren Kontinent“, heute Nordpool genannt. Die erste Rasse verbrachte ihr Leben in einem traumähnlichen unbewussten Zustand, weil sie noch keine Gedankenkraft von den Söhnen des Denkens erhalten hatte. Sie wussten also noch nicht, dass sie dahin gehörten, wo sie herkamen und nicht dorthin, wo sie nur aus Notwendigkeit waren.
Oh, Lanoo, überwinde das Denken mit dem Denken. Die Astralrassen sind die wahren Vorfahren dessen, was heute unsere physischen Körper sind. OM. Die 1. Rasse „verschwand“ oder löste sich auf in der oder in die 2. Rasse durch Osmose und Exosmose. Ihre Körper waren riesige Zellen, welche sich, wie heute noch die Zellen in unserem Körper, durch Selbstteilung vermehrten. Die 3. Rasse teilte sich in Männer und Frauen und führte die sexuelle Reproduktion ein.

ÄTHIOPIER
9.000.000 v. Chr.

Äthiopier sind Überbleibsel der 4. atlantischen Rasse. Vor Millionen von Jahren lebten sie auf dem heutigen Lanka. Lanka gehörte damals zum atlantischen Kontinent (oder was davon übrig geblieben war). Später zogen die Äthiopier dann von Lanka nach Indien. Aber was man jetzt Lanka nennt, ist jedoch nur ein Teil eines größeren Kontinents, des ursprünglichen asiatisch-atlantischen Lanka, welches nun am Meeresgrunde ruht. Doch für wie lange? Die Griechen nannten die Vorfahren der Äthiopier „Ost-Äthiopier“. Ihre Haut war schwarz, weshalb man sie „das Volk mit der verbrannten Haut“ nannte oder eben „Äthiopier“. Später, viel später zogen die Äthiopier aus dem Osten von Südindien und dem ursprünglichen Ceylon nach Ägypten. Heute werden die Äthiopier von den Tamilen repräsentiert. Davor wurden sie auch Rakshasas genannt, welchen der Sanskrit-Name der Ureinwohner des ursprünglichen Lanka war. Heute versteht man unter einem Rakshasa in Indien einen Teufel. Das Ramayana, das große indische Epos, beschreibt die Rakshasas als böse Riesen der späten atlantischen Rasse. Aber das ist nicht die ganze Wahrheit, wie der Name Rakshasa uns bereits verrät, denn er bedeutet auch „Beschützer" (von raksh – beschützen). Die Rakshasas waren dafür bekannt, dass sie Brahma dienstbar gewesen sind, daher der Name Rakshasa oder Beschützer. Warum bezeichnete man dann die Ahnen der Äthiopier als Teufel oder Dämonen etc.? Weil, wie *DAS BUCH DES LICHTS* lehrt, einige dieser atlantischen Rassen bzw. Vorfahren der Äthiopier sich mit schwarzer Magie beschäftigten. Diese Schwarzmagier kämpften gegen den reinen Teil der arischen Rasse. Und diese Arier oder Arya nannten diese arischen Zauberer Yakshas oder Rakshas, was in der Tat soviel bedeutet wie „böse Geister". Nichtsdestotrotz waren diese Atlantäer Menschen und keine „bösen entkörperten Geister" oder „Kobolde" oder „Teufel" oder „nicht-inkarnierte Naturgeister", wie uns einige „Orientalisten" weismachen wollen.

AUSTRALIER
(Aborigines)
18.000.000 v. Chr.

Die Andaman Insulaner sind die „letzten wahren Australier". Nun sterben sie fast aus. Über Jahrmillionen hin hat sich in Australien wenig verändert, und nun wird dieser Kontinent von neuen Rassen geformt. Und doch ist Australien einer der ältesten Kontinente über Wasser. Australien ist „Die alte Jungfrau".

AZTEKEN
Ca. 9.000.000 v. Chr.

Azteken sind Teil einer nationalen Rasse bzw. der neuen Weltrasse, zu der auch die Rothäute, die Inkas und viele andere gehören. Die Wurzeln der Azteken führen zurück zur atlantischen Rasse. Es gibt eine auffällige Ähnlichkeit zwischen der hebräischen und der aztekischen Sprache. Zum Beispiel: Die hebräischen Pharisäer haben Phylakterien, ähnlich den Bandelets, mit einer viereckigen Erhöhung an der Stirn, welche auch auf Terrakotta-Figuren gefunden wird. Kein Wunder: Die Hebräer kopierten diese Embleme wie alles andere und erklärten es dann zur eigenen Kultur. Die Azteken haben fast den gleichen Kalender wie die Ägypter.

BABYLONIER
6.000.000 v. Chr.

Sie kamen wie die meisten von uns aus Mittelasien, in ihrem Falle aus dem südöstlichen Teil. Sie kamen zusammen mit den Assyrern, den Meden und den Persern auf die indische Halbinsel. Babylonier sind oder stammen von den Atlanto-Ariern.

BASKEN
4.000.000 v. Chr.

Die Basken und die dravidischen Rassen von Südindien haben einen gemeinsamen Ursprung: Atlantis. Die Affinität zwischen der dravidischen Sprache und dem Baskischen ist offensichtlich, während es keinerlei Gemeinsamkeiten gibt zwischen dem Baskischen und den europäischen Sprachen, weshalb die nationalistisch eingestellten Basken auch einen eigenen Staat wollen und damit die Unabhängigkeit von Spanien. Der wahre Grund für die Spannungen zwischen Basken und Spaniern ist jedoch: Reinkarnation und nationales Karma zwischen feindlichen Völkergruppen aus längst vergangenen Kulturepochen. Deshalb können wir sagen, dass die Basken, der Cromagnon- oder Höhlenmensch und die kanarischen Guanchen von derselben atlantischen Rasse sind. Aber: Die Vorfahren der Basken waren Atlantäer mit einer hochentwickelten Kultur und Zivilisation, während der Cro-Magnon- oder Höhlenmensch ein Überbleibsel des degenerierten Teils der 4. atlantischen Wurzelrasse ist. Die Basken gehörten zu dem reinen Zweig der Atlantäer.

BLACKFELLOWS
9.000.000 v. Chr.

Die Blackfellows von Australien und Tasmanien gehören zu dem degenerierten Teil der 4. Wurzelrasse, die vor Millionen von Jahren die Sünde ihrer Brüder von der 3. Wurzelrasse wiederholten und Sex mit Tieren, in diesem Falle mit Affen, hatten.

BURMESEN
9.000.000 v. Chr.

Die Burmesen gehören zur mongolischen Familienrasse. Sie unterscheiden sich deutlich von den Kaukasiern. Aber: Viele von denen, die man üblicherweise Mongolen nennt, sind gar keine (siehe Mongolen).

CHANDALAS

Ausgestoßene des alten Indien, Vorfahren der Juden, was sie (die Juden) zur jüngsten Rasse in der Geschichte der Menschheit (6.000 bis 8.000 Jahre alt) macht.

CHINESEN
9.000.000 v. Chr.

Die Chinesen gehören zur mongolischen Familienrasse und sind atlantischen Ursprungs. China ist also nicht das Ursprungsland der Chinesen, welche nur dahin **immigrierten**. Als die atlantischen Chinesen vor etwa 4.500.000 Jahren nach dem heutigen China immigrierten, war dieses China noch barbarisch und unkultiviert.

DEUTSCHE
4.500.000 - 1.000.000 v. Chr.

Die Deutschen gehören der 5. Wurzelrasse an. Diejenigen, die in Deutschland leben, haben mehr atlantisches Blut in sich; jene, die in Amerika leben, gehören mehr der arischen Rasse an, welche bereits im Zustand der Degeneration begriffen ist (Zerfall der Gesellschaft durch Ausleben von nach außen gerichtetem weltlichem Verlangen etc.). Deutsche sind (mit Ausnahmen) Rundköpfe oder Dolichocephalics. Sie gehören zur europäischen Rasse und werden um 14.000 nach Chr. zusammen mit dem europäischen Kontinent untergehen.

GOTEN
7.000.000 v. Chr.

Die Assyrer, Perser und Griechen waren die späten Vorfahren unserer europäischen Ahnen, welche wiederum die Goten und andere Rassen hervorbrachten, die ein (damals) wildes und junges Europa bevölkerten. Goten sind mehr atlantisch als arisch.

GRIECHEN
9.000.000 v. Chr.

Griechen sind rein atlantischer Herkunft.

HEBRÄER

Wörtlich: „über den Fluss". Die Hebräer selbst haben keine eigene Kultur, sondern sind, fast wie die Japaner, von anderen Kulturen stark beeinflusst worden. Dasselbe gilt auch für die hebräische Sprache, welche dem Ägyptischen, Chaldäischen etc. entnommen ist, also eben in anderen Sprachen seine Wurzeln hat. Das kann man schon an dem Namen „Hebräer" selber sehen, welcher griechischen Ursprungs ist. Das griechische „Hebraios" wurde zu „Ibhri" und dann zum aramäischen „Ebrai". Hebräisch ist mehr eine Sprache als eine Rasse. Hebräisch ist die Sprache der Juden (Siehe Juden).

HINDUS
4.500.000

Hindus sind gebürtige Arier aus Indien. Deshalb ist auch der alte Name Indiens Aryavarta oder „Ursprungsland der Arier". Indien wird aber auch Bharata oder Bharata varsha genannt. Als sich die frühzeitig migrierenden Arier um den Fluss Sindhu (von den Persern Hindu genannt) ansiedelten, nannten die Perser diese Arier Hindus und ihr Land Hindusthan, Ursprungsland der Hindus. Sieh dir einen Hindu an, und du siehst sofort, dass er arisch ist. Kein oder wenig atlantisches Blut ist in ihm.

Ein Hindu ist auch jemand, der eine der vielen indischen Religionen praktiziert, welche unter dem Begriff Hinduismus zusammengefasst sind. Als Rasse ist die Hindu-Rasse, wie bereits erwähnt, arisch und Teil der kaukasischen Familienrasse.

INDIANER
9.000.000 v. Chr.

Es ist fast unmöglich, von eingeborenen Amerikanern zu sprechen, da Nord- und Südamerika von verschiedenen atlantischen Rassen aus verschiedenen Richtungen bevölkert wurden, einige kamen von unterschiedlichen Teilen von Atlantis, andere vom Pazifik her. Wer war da wo zuerst? Alle und keiner. Wir alle kommen von der „Kappe", vom Nordpol bzw. dem „unzerstörbaren" Land und bevölkerten **später** die sich verdichtenden Kontinente. Soviel kann gesagt werden: Die so genannten amerikanischen Indianer sind alle atlantischen Ursprungs. Siehe Stanza X im *„Buch des Dzyan"*, Hauptquelle von Blavatskys *Geheimwissenschaft*: „Die Ersten in jeder Zone waren mondfarben, die Zweiten gelb wie Gold, die Dritten rot usw." Die „Roten" waren die atlantischen Ahnen der „Roten" von heute, also der Indianer. Amerika oder die Amerikas wurden über Millionen von Jahren hinweg von verschiedenen atlantische Rassen bevölkert. Die „Roten" jedoch kamen von verschiedenen Teilen von Atlantis, was dieselbe Hautfarbe, aber die verschiedenen physiologischen Typen unter den Indianern erklärt, obwohl sie sich alle irgendwie in ihren Profilen ähneln, wie man am Beispiel der Irokesen, der Sioux, der Cherokee und der süd- und mittelamerikanischen Indianer sehen kann.

INKAS

Die Inkas gehören der nationalen Rasse der Nord- und Südkontinente der Neuen Welt an. So wie die Azteken stammen die Inkas von der 4. Wurzelrasse ab. Die gigantischen Ruinen ihrer Bauwerke bei Cuelap z. B. beweisen diese Tatsache. Diese Bauten haben eine große Ähnlichkeit mit den kolossalen Bauwerken des uralten Europas bzw. mit den uralten europäischen Nationen, da sie einstmals Atlantäer waren.

IREN
4.500.000 v. Chr.

Die Iren gehören zum „reineren" Teil der atlantischen Rasse.

ITALIENER
4.500.000 v. Chr.

Sie gehören einer Unterrasse der 4. Wurzelrasse an, waren bereits fast verschwunden, tauchten durch den Einfluss neuen Blutes wieder auf und werden in ein paar hundert Jahren nicht mehr sein. Die Wesenheit benutzt eine Rasse nur solange, wie sie in ihr lernen kann und wird dann in einer neuen, höheren Rasse geboren. Die Rasse ist nichts, nur ein Werkzeug, ein Kleid für die Wesenheit, das sie nach Gebrauch wieder wegwirft. Arten kommen und gehen, wenn sie ihre Aufgabe erfüllt haben.

JUDEN
8.000 v. Chr.

Die jüdische Rasse entstammt einer ostindischen Rasse und ist etwa 8.000 Jahre alt. Juden sind auch Arier, denn „arisch" bedeutet „weise" und „fromm" und ist auf die 5. Wurzelrasse bezogen. Studiere ***DAS BUCH DES LICHTS*** und du wirst verstehen. Später wurde der Name „Arier" und die damit verbundenen Symbole missbraucht.

KAUKASIER
4.500.000 v. Chr.

Die Kaukasier schließen die Hindus und die Europäer ein, aber die Hindus gehören nicht zur europäischen nationalen Rasse. Chinesen, Manchus, Japaner, Lolos, Tibetaner, Burmesen, Siamesen und Malayen gehören nicht zur kaukasischen Gruppe. Die alten Ägypter gehören zum kaukasischen Typ. Was die Hautfarbe anbelangt: Es gibt weiße und schwarze Arier, so wie es weiße und schwarze Kaukasier gibt. Der hellhäutige Nordländer ist so kaukasisch wie der dunkelhäutige Süditaliener, Spanier oder Portugiese. Nur diejenigen, die ***DAS BUCH DES LICHTS*** studieren, werden die wahre Bedeutung des Wortes (und der Rasse) „kaukasisch" verstehen. Ein Hinweis: Alle Rassen emigrierten nach der großen Flut vor 4.500.000 Jahren in die Gegend, die man heute Kaukasus nennt. Trotzdem gibt es einen Unterschied zwischen weißen Ariern und dunklen Kaukasiern, obwohl wir im Geist alle Götter sind und alle eins. OM.

KELTEN
2.000.000 v. Chr.

Die Kelten gehören zum europäischen Teil der 5. Wurzelrasse. Von einem anderen Gesichtspunkt aus kann man die Kelten auch ein Hybrid von Ariern und europäischen Iberiern nennen.

LOLO
4.500.000 v. Chr.

Die Lolo sind die Ureinwohner von China. Sie sind die wahren Chinesen, die zur 7. Unterrasse der 4. atlantischen Wurzelrasse gehören. Diese Rasse teilte sich in Schwarz- und Weißmagier. Die Ahnen der Lolo waren die reinen Chinesen, die Weißmagier. Als die 5. Wurzelrasse gerade in Asien ankam (vor Millionen von Jahren), hatten die Lolo den Höhepunkt ihrer Zivilisation erreicht. Lolo sind Inland-Chinesen von großer Statur. Könnte man ihre in Lolo geschriebenen Schriften übersetzen, dann würden diese das ***BUCH DES LICHTS*** im Besonderen und die Esoterischen Wissenschaften im Allgemeinen bestätigen. Wenn die Lolo die wahren Chinesen sind, was sind dann die Chinesen von heute? Diese entstammen einer Hybrid-Mischung zwischen Atlantäern und Ariern. Die Lolo jedoch teilen fast das Schicksal der Todas, indem man ihrer wahren Natur nicht gerecht wird. Das chinesische Shu-King (4. Teil, Kap. XXVII, S. 29) beschreibt die Lolo als „Mao-Tse“ oder als „eine vorsintflutliche, pervertierte Rasse, welche sich in Felsenhöhlen zurückgezogen hatte und deren Nachfahren noch heute in der Nachbarschaft von Kanton gefunden werden können“. Diese Nachkommen sind in der Tat Lolo, aber weder sie noch ihre Ahnen waren degeneriert, sondern gehörten, wie bereits erwähnt, zum reinen Teil der 7. Unterrasse der 4. atlantischen Wurzelrasse. Wenn wir also einen Lolo anschauen, dann sehen wir einen entfernten Nachkommen unserer eigenen Ur-ur-ur-Ahnen. Soviel zur Wiederherstellung der Ehre der Lolo.

MALAYEN
9.000.000 v. Chr.

Die Malayen gehören der mongolischen Familienrasse an. Eine Familienrasse lebt sieben Mal länger als eine nationale Rasse oder 7 x 25.920 Jahre.

MANCHUS
9.000.000 v. Chr.

Die Manchus gehören auch zu den Mongolen.

MAORIS (Neuseeland)
6.000.000 v. Chr.

Die Maoris von Neuseeland sind, wie die Blackfellows und die Tasmanier, Teil der degenerierten Zweige der 4. Wurzelrasse.

MONGOLEN
9.000.000 v. Chr.

Mongolen sind Atlanter.

OSCANER (von „OS“ = Gott)
4.000.000 v. Chr.

Die Oscaner waren ein archaisches Volk, welches in Campania, Italien, lebte. Sie gehörten der 5. Wurzelrasse an und mischten sich mit Atlantäern, die dem sinkenden Kontinent Atlantis entkommen waren und sich unter Führung des Manu auf das Zentralasiatische Hochplateau geflüchtet und etabliert hatten. Als die Wasser sich zurückgezogen hatten, verließen die Oscaner Zentralasien und bevölkerten Griechenland. Dann, viel später, entwickelte sich aus dieser Gruppe eine neue Bevölkerungswelle, welche sich in Italien ansiedelte, und ein Zweig dieser Rasse wurde zu dem, was wir heute als (T)oscaner bezeichnen.

PERSER
4.000.000 v. Chr.

Perser sind späte Asien-Atlantäer. Es ist eine wenig bekannte Tatsache, dass die Perser eine hochspirituelle Rasse waren. Sie sind oder waren auf jeden Fall weitaus spiritueller als z. B. die Griechen. Für die spirituelle, aber auch kulturelle Entwicklung der europäischen Geschichte wäre es weitaus besser gewesen, wenn die Griechen die Perser **nicht** besiegt hätten, da sie damit den Persern, aber auch Europa ihren Einfluss **aufzwangen.**

PYGMÄEN
15.000.000 v. Chr.

Die Pygmäen sind ein Unterzweig der letzten Unterrasse der 3. Wurzelrasse. Sie stammen von den Zwergenrassen der Pole ab, die aber damals immer noch doppelt so groß waren wie unsere größten Menschen von heute. Diese Rassen mischten sich mit den Tieren, später aber auch mit anderen Pygmäen und Riesen (*Geheimwissenschaft*). Doch die degenerierten Überbleibsel der 3. Wurzelrasse bildeten später selber einen, wenn auch niedriger entwickelten Teil der atlantischen Wurzelrasse und wiederholten die Sünde ihrer Vorväter – den Geschlechtsverkehr mit Tieren, was zu den Urahnen der Affen führte.

RAKSHASAS
9.000.000

Die Rakshasas sind die Ureinwohner von Lanka, deren Ahnen von den Ariern wegen ihrer Schwarzmagie gehasst wurden. Aber nicht alle Rakshasas waren schlecht, einige waren sogar Beschützer der Menschheit, indem sie Brahma, dem Herrscher des Sonnensystems, dienten. Aber die Arier erinnerten in ihren Schriften (z.B. im Ramayana) nur an das Böse, deshalb steht der Name Rakshasa für die „Bösen Riesen“ der atlantischen Rasse. Namen haben Macht, oh, Lanoo, obwohl sie oft nicht die Wahrheit ausdrücken... .

RÖMER
(2.000.000 v. Chr.)

Die Römer entstammen einer Zivilisation, die ihre Wiege in Zentralasien hatte. Die Ahnen der Römer sind Teil der 5. Wurzelrasse.

RUSSEN
(9.000.000 v. Chr.)

Russen stammen von den Atlantäern ab und gehören einem slawischen Stamm und damit der europäischen nationalen Rasse an. Sie werden in etwa 200 Jahren aussterben und die Wesenheit in dieser Rasse wird sich dann nach höheren, geeigneteren Vehikeln umsehen. Dasselbe Schicksal wird alle anderen Rasse ereilen. **Nichts** bleibt, alles ist vergänglich.

SAMNITEN
(4.000.000 v. Chr.)

Die Ahnen der Samniten waren Arier bzw. Vertreter der 5. Wurzelrasse, die Zentralasien verlassen hatten und sich mit den Atlantäern, die von ihrer sinkenden Insel geflohen waren, mischten. Also können die Samniten Arier genannt werden. Dasselbe geschah zuvor mit den Sabinern, welche dann von den Römern im 3. Jahrhundert v. Chr. besiegt wurden.

SIAMESEN
8.000.000 v. Chr.

Siamesen sind Teil der mongolischen Familienrasse.

SIMIANS
8.000.000 v. Chr.

Simians sind anthropoide Affen und wie alle Affen das Resultat von Geschlechtsverkehr zwischen Mensch und Tier vor vielen Millionen von Jahren. Die höchste Klasse der Simians und Affen sind nun von 5. Klasse-Monaden oder Wesenheiten der 5. Klasse inkarniert. Bedenke, oh Lanoo, die Wesenheit nimmt, was da ist und was ihrem speziellen Entwicklungs- bzw. Verlangenszustand entspricht. Deshalb sind 5.Klasse-Monaden solche, die nicht in die 3. Wurzelrasse inkarnierten, sondern in das „Produkt der Sünde" zwischen Mensch und Tier, also dem Urahnen der Affen, was bedeutet, dass sie derart degenerierte Vehikel ererbten, die kein Manasaputra zu ändern in der Lage wäre. Aber warum warteten sie so lange? Eine Erklärung für ihr Zögern wäre die, dass sie so „zurück waren in der Evolution, dass ihnen diese unterentwickelten Körper gerade recht kamen" (Prof. von Purucker). So ist ein Gutes also auch in jedem so genannten Schlechten. Doch das Schicksal der Affen und Affenmenschen hat noch einen anderen Aspekt, den ich hier nicht diskutieren kann.

SKANDINAVIER
4.000.000 v. Chr.

Man beachte die Ähnlichkeit mit dem Sanskritwort „Skandha". Rassen sind eigentlich immer manifestierte Skandhas.

STEINZEITMENSCHEN
10.000.000 v. Chr.

Der Steinzeitmensch existierte, aber nicht, wie Darwin dachte oder lehrte. Die mentale, geistige und physische Entwicklung war, verursacht durch schweres atlantisches Karma, langsam während des sogenannten Steinzeitalters, also vor etwa 7.000 – 10.000 Jahren.

Die Steinzeit umfasst eine sehr große Zeitperiode. Aber sogar während des Steinzeitalters gab es, parallel zum Steinzeitmenschen, hohe und höchst entwickelte Kulturen, und die Tatsache, dass wir bis jetzt (noch) keine Spuren dieser Kulturen gefunden haben, bedeutet gar nichts. „Grabt tiefer, in der Erde UND im Wasser und an den Stellen, die das ***BUCH DES LICHTS*** enthüllt, und ihr werdet genügend Beweise für das hier Behauptete finden. Nur Geduld, lieber Leser. So wie es heute parallel existierend Wilde und zivilisierte Menschen und deren Kulturen gibt, so gab es sie damals und zu allen Zeiten. Wenn man in einer Million Jahren Knochen von einem Gorilla finden wird, heißt das dann für den, der sie findet, dass es im 20. Jahrhundert nur Gorillas gab? Doch wohl kaum.

TAMILEN
9.000.000 v. Chr.

Die Tamilen leben in Süd- und Nordceylon. Ihre Vorfahren sind das „Verbrannte-Haut-Volk", also die Äthiopier. Und die Äthiopier sind Atlantäer. Also sind die Tamilen Vertreter der Atlantäer von heute.

TIBETANER
9.000.000 v. Chr.

Die Tibetaner gehören der mongolischen Rasse an. Sie sind vom gleichen Ursprung wie die Burmesen, Siamesen und einige der Menschen, die in China nahe Indochina und der osttibetanischen Grenze leben. Tibetaner sind asiatische Menschen. Die atlantischen Zauberer bzw. einige von ihnen inkarnierten in die „Rotkappen" von heute und der reine Teil einer gewissen atlantischen Unterrasse inkarnierte zurück in die Hierarchie der Priester oder Lamas oder der „Gelbkappen", deren wahrer spiritueller Führer der Tashi Lama und eben **nicht** der Dalai Lama ist, welcher übrigens NICHT die wahre Lehre des Buddha verkündet. Der Tashi Lama wurde später nach Shigatse ins Exil geschickt. Viele tibetanische Lamas sind allerdings eine Schande für den Buddhismus, vor allem sie sinnlichen, zu Exzessen neigenden „Rotkappen". Um dieser unglücklichen Entwicklung des Buddhismus entgegenzuwirken, hat sich mir der wahre Gott NIRVÂNA offenbart. Trotzdem gibt es auch sehr spirituelle Adepten unter den Tibetanern und einige von ihnen bewohnen als „Weiße Bruderschaft" heute in ihren ätherischen Körpern die ätherische Stadt Shamballa, die über der Wüste Gobi schwebt. Tibetaner gehören der 4. Wurzelrasse an und unterscheiden sich klar von der kaukasischen Gruppe.

TODAS

Wenn ich gezwungen bin, eine große Persönlichkeit in ihrer Meinung zu einem esoterischen Thema zu korrigieren, fühle ich mich nicht wohl dabei, aber trotzdem muss es getan werden. Dr. G. von Purucker, eine der größten Autoritäten auf dem Gebiet der Analyse der *Geheimwissenschaft* (Blavatsky) schreibt in seinen *„Studien in okkulter Philosophie*", S.668, dass die Todas von Indien „wilde oder barbarische Stämme" seien.

Das ist nicht wahr. Die Todas wurden, wie das ***BUCH DES LICHTS*** uns lehrt, „beiseite gesetzt", um in einer weit entfernten Zukunft den „Samen" für eine neue Menschheit zu bilden. Sie sind gigantisch von Statur und nicht, wie einige Missionare wunschdenkmäßig

verkünden, den (nie existierenden) zwölf jüdischen Stämmen zuzuschreiben wegen ihrer „jüdischen Physiognomie". Ganz im Gegenteil, sie gleichen eher griechischen Statuen in Majestät der Schönheit und Form. Es wird auch behauptet, dass die Todas nur aus ein paar hundert Familien bestehen und bald aussterben werden. Das stimmt ganz und gar nicht. Die Todas werden als Rasse noch lange nach uns da sein. Sie leben heute im Dschungel der Neilgherry-Hügel in Süd-Hindustan. Für die Badagas, einen Hindustamm, sind die Todas Götter und darum verehren die Badagas die Todas. Kein Rasierer hat jemals die Haut eines Toda berührt. Ein Toda sitzt oder steht nur den ganzen Tag da und wartet. Wartet worauf? Darauf, dass seine Zeit kommt, Vorfahre einer zukünftigen Rasse zu werden. Zur großen Enttäuschung der Missionare können die Todas nicht lesen und schreiben und wollen auch sonst gar nichts lernen. Arme Missionare. Sie sitzen so nahe an der Quelle der Weisheit, von der SIE lernen könnten, und sie vergeuden ihre Zeit damit, alte, aufgewärmte und völlig missverstandene Jesus-Geschichten zu verbreiten. Die Badagas füttern die Todas und kümmern sich auch sonst um sie. Die Todas selbst verehren sich selbst, und zwar als „Herren der Schöpfung", womit sie auch völlig recht haben, denn sie werden diese Herren bzw. Gründer der neuen Rasse sein. OM. Nenne sie, wenn du möchtest, Sthula-Putras oder physische „Samenkörper" für eine neue Rasse. Da sie ihre Sakti so gut wie möglich bewahren wollen, waschen sich die Todas nie und sind daher extrem unsauber, weshalb man eben denken könnte, sie wären Barbaren oder Wilde. Wenn die Todas Wilde sind, dann sind wir es zehn Mal mehr, nur eben gewaschene Wilde. Nein, nein, die richtige Bezeichnung wäre eher „schlummernde Götter". Die Todas haben keine Kinder, tragen keinen Schmuck und sind nur mit einer Wolldecke bekleidet. Sie warten nur und leben nur von Milch. Sie halten Rinder, die sie aber nicht essen. Sie benutzen ihre Rinder für heilige Zwecke, nicht unbedingt zum Opfern etc. Die Todas sprechen nie mit Fremden. Ihre Hütten haben nur eine Tür und keine Fenster, aber kein Toda wurde je in seiner Hütte gesehen. Die Todas erscheinen nicht in Gruppen. Ein Toda kommt dem Buddha-Ideal am nächsten. Die Todas werden niemals krank. Während hundert andere um sie herum sterben, überlebt der Toda. Kein wildes Tier hat jemals einen Toda angegriffen, nicht einmal eines ihrer Rinder. Todas wurden von den Heiligen „beiseite gesetzt", um Sishtas oder Lebenssamen zu sein für eine neue Rasse. Ihr Schmutz ist nichts als eine Maske, genauso wie der Sannyasi in der Öffentlichkeit Schmutz auf sein Gesicht auftragen würde, um seinem Gelübde gegenüber Gehorsam zu demonstrieren. Jedes dritte Jahr besuchen die Todas einen heiligen Platz, wo sie mit neuer Lebenskraft „aufgeladen" werden. Nach einer gewissen Zeit kehren sie in den Dschungel zurück. Warum all diese Geheimtuerei? Monaden der höchsten Ordnung (darunter wir?) warten auf den höchsten kosmischen Ebenen, um in die Todas und ihre Nachkommen (wie auch immer sie diese produzieren mögen) zu inkarnieren.
Die Todas sind jedoch nicht der einzige Stamm, welcher „beiseite gesetzt" wurde als „Samen-Menschheit" für eine neue Rasse.

VEDDHAS
18.000.000 v. Chr.

Die Veddhas aus Ceylon sind das untere Ende der menschlichen Hierarchie. Sie gehören wie die Andaman-Insulaner zu jenen von der 3. Wurzelrasse, die Sex mit Tieren hatten. Das Resultat dieser Verbindung wurden die Ahnen der Veddhas. Warum es solche Rassen immer noch gibt, wenn doch die Monaden oder Wesenheiten nach oben streben? Erstens holt die Monade aus der Rasse soviel heraus wie möglich und zweitens sind die meisten niederen Rassen bereits monadenlos bzw. existieren ohne das höhere Selbst und dienen nur als Entwicklungsträger für die physischen, niederastralen und mentalen Monaden in ihnen. Der Leser muss wissen, dass die Monade im Kern eines jeden Atoms schlummert und auch die Struktur aller sieben Körper des Menschen bildet. Der Geistkörper hat logischerweise höher entwickelte Monaden als der physische Körper, dessen niedere Monaden sehr wohl noch lernen bzw. ihr Verlangen nach, wenn auch niederer, Existenz ausleben können, selbst wenn das höhere Prinzip die Wesenheit bereits verlassen haben sollte. Von daher gesehen lebt und lernt alles bzw. ist alles mit Verlangen oder Unwissenheit erfüllt. Jede Wesenheit auf Erden, im Himmel oder in der Hölle ist darum in einem Zustand der Unwissenheit, es sei denn, es handelt sich bei ihr um jemanden, der NIRVÂNA erlangt und dann NIRVÂNA **entsagt** hat. OM.

WILDE
7.000.000.000 v. Chr.

Wilde von heute waren Tiere auf dem Mond. Oh, großer Chohan, wie kamen wir vom Mond hierher? Transmigration der Monaden bzw. der Wesenheiten, oh Lanoo.

Warum gibt es überhaupt Arten und Rassen?

Arten und Rassen sind nichts weiter als vergängliche Verlangenszustände der Wesenheiten. In einer Welt der Vergänglichkeit gibt man sich der Illusion von Ewigkeit hin. Jede Lebensform, sei es in der Hölle, auf Erden oder gar im Himmel, ist also das Resultat von falschem Denken, denn in Wirklichkeit gehören wir gar nicht hierher, sondern dorthin, wo wir hergekommen sind. Wer so denkt, denkt richtig. OM.

Hüte dich vor Rassismus!

Die Seelen der weißen Menschen inkarnieren in schwarze oder gelbe Körper und anders herum, ausschlaggebend ist nur ihr Karma. Der schwarze Mann, den du jetzt hasst, könnte dein Bruder in einem vergangenen Leben gewesen sein. Der weiße Mann, den du jetzt hasst, könnte dein schwarzer Bruder (oder die Mutter, die Schwester, der Vater) in einem vergangenen Leben gewesen sein.

Zusammenfassung

Die Entstehung und Entwicklung der Arten auf Erden

Esoterische Wissenschaften: *Das Buch des Lichts.* Lanoo

Der Planet Erde und seine Lebensformen waren zunächst astral* und begannen erst später (etwa 320.000.000 v. Chr.) sich in feste physische Materie zu verwandeln.

2.169.000.000 v. Chr.
Die Geburt unseres zunächst astralen und sich später verdichtenden Planeten Erde, aus der Lebensenergie des sterbenden Mondes.

1.000.000.000 v. Chr.
***ASTRALE MENSCHEN* (Größe etwa 100 m)**
scheiden von ihrer Substanz alle zunächst astralen Tiere, Pflanzen und Steine ab. Später entwickeln, vermischen und verdichten sich diese in ...

320.000.000 v. Chr.
ANDROGYNE MENSCHEN und Tiere
Geschlechtslos bis zwittergeschlechtlich (Größe etwa 50 m)
Alle Säugetiere stammen vom Menschen ab (etwa 80.000.000 v. Chr.).
DIE DINOSAURIER
Koexistent mit dem Menschen

50.000.000 v. Chr.
ALLE TIERE TEILEN SICH IN GESCHLECHTER
Der Mensch ist immer noch androgyn (Größe 25 m).

25.000.000 v. Chr.
DER TOD DER DINOSAURIER

18.000.000 v. Chr.
ALLE MENSCHEN TEILEN SICH IN GESCHLECHTER
Männer und Frauen (Größe 15 m)
Der Beginn des Denkens und der Sprache (erst Senzar, dann Sanskrit – Mutter aller heutigen Sprachen). Die Engel lehren den Menschen den Gebrauch des Feuers, das Rad, alle Wissenschaften, Ackerbau und Viehzucht.

9.000.000 v. Chr.
DER AFFE
Kind von Mensch und Tier (Größe 10 m)

20. Jahrhundert n. Chr.
Männer und Frauen von heute

20. Jahrh. n. Chr. – 2.151.000.000 n. Chr.
Alle Lebensformen werden nach und nach ätherischer und versinken schließlich als leuchtende Energiefelder in das ewige Mysterium, aus dem sie, wenn Karma ruft, wieder zu neuem Leben erwachen, auf einem neuen Planeten, dessen Mond dann diese Erde sein wird. AUM.

---

* Astral: Ein ätherischer Zustand zwischen Energie und Materie.

Der Baum des Lebens

Entstehung der Arten auf Erden

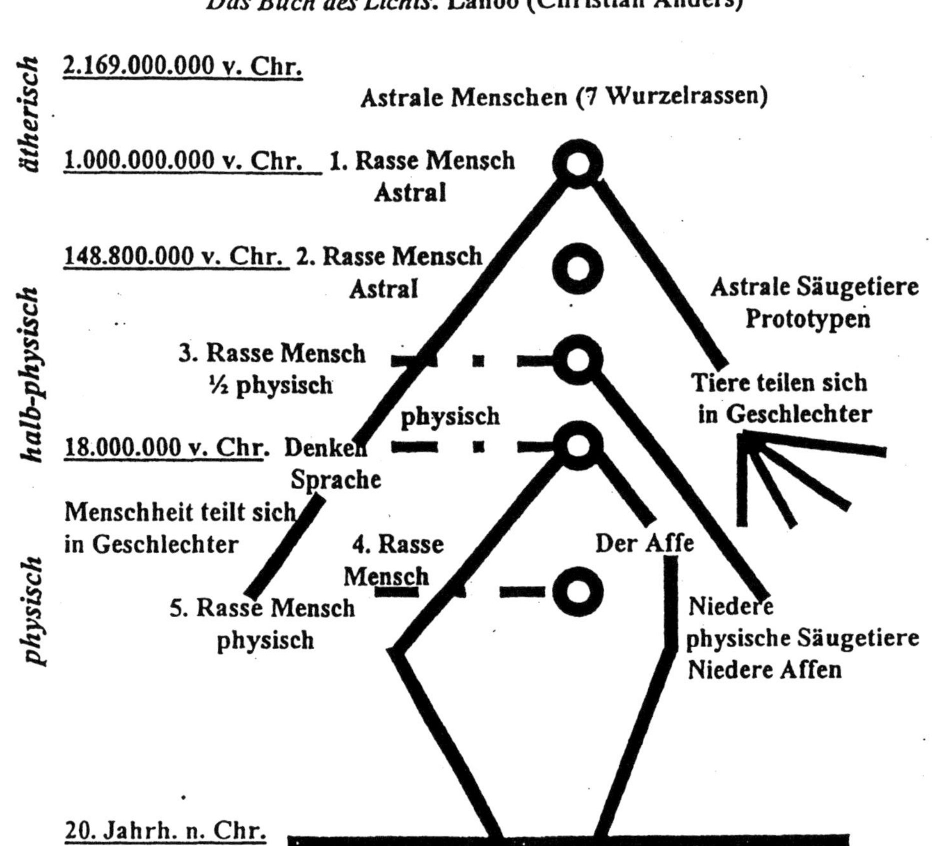

20. Jahrh. n. Chr. – 2.151.000.000 n. Chr.
Alle Lebensformen versinken als leuchtende Energiefelder in das ewige Mysterium, aus dem sie, wenn Karma ruft, wieder zu neuem Leben erwachen, auf einem neuen Planeten, dessen Mond dann diese Erde sein wird. AUM.

WEITERE BÜCHER VON LANOO (CHRISTIAN ANDERS)

Romantisches

Der Brief
ISBN: 3831131783; 191 Seiten; deutsch
Der Freigänger
ISBN: 3831143129; 114 Seiten; deutsch
Der Untergang von Taro Torsay
ISBN: 978-3-937699-07-3; 104 Seiten; deutsch
Die Mauer. Liebe ist stärker.
ISBN: 978-3-937699-44-8; 204 Seiten; deutsch

Kritisches

The Man W.H.O. created AIDS
ISBN: 3831106223; 514 Seiten; englisch
Der Mann, der AIDS erschuf
ISBN: 3898114406; 424 Seiten; deutsch
Darwin irrt!
ISBN: 978-3-937699-00-4; 182 Seiten; deutsch
Der wahre Bankenschwindel
ISBN: 3831140456; 212 Seiten; deutsch
DER RUB€L MUSS ROLLEN
ISBN: 3833000503; 227 Seiten; deutsch
Literarischer Rebell
ISBN: 978-3-937699-04-2; 238 Seiten; deutsch
Der Euro Crasht. Was dann?
ISBN: 978-3-937699-29-5; 92 Seiten; deutsch
Der Impfwahnsinn. Impfen – die Lüge des Jahrhunderts
ISBN: 978-3-937699-30-1; 139 Seiten; deutsch
... und natürlich das ‚Christian Anders Lexikon', das Buch zum Lebenswerk:
Über Nacht ein Star: ISBN: 978-3-937699-02-8; 452 Seiten, deutsch

Esoterisches

The Secret of the seven Seals
ISBN: 3898117715; 104 Seiten; englisch
Das Geheimnis der sieben Siegel
ISBN: 978-3-937699-47-9; 55 Seiten; deutsch
Divine Message from the True God
ISBN: 3898118622; 176 Seiten; englisch
Der Sinn des Lebens - NIRVANA
ISBN Band I: 3898114295; 484 S.; deutsch
ISBN Band II: 3898114309; 500 S.; deutsch
Seelenatem-Meditation
ISBN: 3898115321; 66 Seiten; deutsch
Die wahre Bedeutung der Bibel sowie die Wahrheit über Jesus Christus
ISBN: 978-3-937699-06-6; 219 Seiten; deutsch

Doppelband: Zwei in einem! Englisch und Deutsch!
Die Botschaft des wahren Gottes NIRVĀNA & Divine Message from the True God
ISBN: 978-3-937699-13-4; 268 Seiten
Dantes Internet Inferno
ISBN: 9783937699349; 90 Seiten; deutsch
Das Geheimnis des vollen Haares
ISBN: 978-3-937699-42-2; 90 Seiten, deutsch
Das illustrierte Buch des Lichts
ISBN: 3831100500; 81 Seiten; deutsch
Das Buch des Lichts für Kinder
ISBN: 978-3-937699-40-0; 46 Seiten, deustch
Das Buch des Lichts, Band I
ISBN: 978-3-937699-05-9; 151 Seiten; deutsch
Das Buch des Lichts, Band II
ISBN: 978-3-937699-10-3; 142 Seiten; deutsch
Das Buch des Lichts Band III
ISBN: 978-3-937699-26-4; 142 Seiten; deutsch
Das Buch des Lichts Band IV
ISBN: 978-3-937699-32-5; 150 Seiten, deutsch
Das Buch des Lichts Band V
ISBN: 978-3-937699-36-3; 186 Seiten, deutsch
Das Buch des Lichts Band VI
ISBN: 978-3-937699-38-7; 162 Seiten, deutsch
Das Buch des Lichts Band VII
ISBN: 978-3-937699-41-7; 189 Seiten, deutsch
Das Buch des Lichts, Band VIII
ISBN: 978-3-937699-46-2

Christian Anders auf CD und DVD

Doppel-DVD zum Aids-Buch: The Man Who Created Aids (englisch!)
ISBN: 978-3-937699-08-0
DVD Christian Anders - Sänger, Autor und vieles mehr
ISBN: 978-3-937699-09-7
DVD Christian Anders liest: Der wiedererwachte Ursprung aller Religionen
ISBN: 978-3-937699-11-0
DVD Christian Anders liest: Die Finanzkrise – geplant oder zufällig?
ISBN: 978-3-937699-17-2
DVD Christian Anders liest: Impfen – die Lüge des Jahrhunderts
ISBN: 978-3-937699-22-6
DVD Christian Anders liest: Das Rätsel der Sphinx – Zum ersten Mal gelöst
ISBN: 978-3-937699-28-8
DVD Christian Anders liest: Waren Adam und Eva wirklich die ersten Menschen auf Erden?
ISBN: 978-3-937699-27-1

Bestellen und mehr Info

Verlag Elke Straube
01778 Geising
Lindenallee 18
Fon: 0174/13 34 337
Fax: 03 50 56/23 78 4
Internet: www.straube-verlag.com
mail: elke.straube@web.de

Bestellen

www.amazon.de
elke.straube@web.de
oder in jeder Buchhandlung!

Mehr über Christian Anders:

www.christiananders.com
www.alle-religionen-vereint.com
www.straube-verlag.com
www.amazon.de

Bücher von Christian Anders im Verlag Elke Straube

Christian Anders ist nicht nur Sänger, sondern auch Autor, und das bereits seit frühester Jugend. Seine Bücher sind romantisch oder provokant und ernüchternd. Romantisch sind die Neuauflagen von Büchern wie „Der Brief" (BRAVO - Roman des Jahres 1976) oder „Der Freigänger", zu denen es auch immer den entsprechenden Hit gibt.

Heute genügt es Christian Anders längst nicht mehr, nur zu unterhalten. Er setzt sich kritisch mit allem auseinander, was um ihn herum geschieht. Er interessiert sich für die gegenwärtige politische und wirtschaftliche Situation in Deutschland (*„Der wahre Bankenschwindel"*, *„DER RUB€L MUSS ROLLEN"*) genauso wie für Entwicklungsgeschichtliches und ist dort durchaus nicht allein, wenn er behauptet: *„Darwin irrt!"*

Christian Anders ist ein literarischer Rebell, der seinem Publikum sehr nahe steht. Er kennt und verarbeitet die Probleme der „kleinen Leute", und er redet mit ihnen. Bis in die Haarwurzeln entsetzt über manche Beschlüsse der Politiker möchte er seine Leser aufrütteln, aus der Lethargie reißen.

Der Esoteriker Lanoo steht nicht im Widerspruch dazu. Tiefe buddhistische Weisheit und die Überzeugung, dass einst „EIN Wissen im Universum herrschte, das dann in viele Religionen, Wissenschaften und Gesellschaftssysteme von heute zersplitterte" (Buch des Lichts, Band 1), will die daraus entstandenen Auseinandersetzungen bekämpfen. *DAS BUCH DES LICHTS* ist der Beginn einer großen Reihe über Ursprung und Bestimmung von Mensch und Universum, die in insgesamt 10 Bänden eine Weltenperiode von 311.040.000.000.000 Jahren menschlicher und kosmischer Entwicklung präsentieren wird.

Im Buch *„Über Nacht ein Star"* (Co-Autor Elke Straube) wird versucht, diese ganze Themenvielfalt des Multitalents Christian Anders zu präsentieren. Es wird der Bogen gespannt vom Sänger, Komponisten, Texter, Schauspieler, Regisseur bis hin zum Produzenten und Buchautor. Das Buch, das man fast als Christian Anders Lexikon bezeichnen könnte, ist ein nahezu vollständiger Überblick über sein künstlerisches Lebenswerk, eine Hommage an das Multitalent Christian Anders und an einen ganz wunderbaren Menschen.